요한계시록

이렇게 보면 된다

요한계시록

이렇게 보면 된다

정하윤 목사 지음

문서사역
|종|려|가|지|

네가 본 것과
지금 있는 일과
장차 될 일을
기록하라

- 계 1:19 -

차례

세상 나라를(6-18장)

그리스도의 나라가 되게 할 것임(19-22장)

들어가면서

종말. 1992년도에 나라 전체를 혼란에 빠뜨렸던 시한부 종말론이 해프닝으로 끝나자 사람들이 종말에 대하여 부정적인 이미지를 가지게 되었다.

그러다보니 교회에서는 요한계시록을 잘 다루지 않고, 이단들의 독점물이 되어 사람들을 미혹에 빠뜨리는 지경에 이르렀다. 그들은 잘못된 것을 가지고 포교에 열중하고 있다.

또한 유튜브에 올라온 종말에 관한 영상들을 보면 금방 무엇이 일어날 것처럼 떠들어 댐으로 사람들로 하여금 두려움을 갖게 만드는 것을 볼 수 있다.

미래가 불확실 하고 시대가 어려울수록 사이비가 많이 등장하고 사람들은 그들에게 넘어가기가 쉽다. 이러한 사실들을 감안할 때 진리의 기둥과 터인 교회는 성경에서 말하는 종말에 대하여 바르게 가르치며 전할 책임이 있다.

성경을 읽는 것은 신앙생활의 기본이다. 개인적으로 해마다 일독을 하고 있던 차에 2020년도 교회 표어를 "성경 보며 기도하는 교회"로 정하고 성도들에게 실천사항으로 성경일독을 권했다.

그해 1월에, 생각지도 않았던 코로나19가 발생했다. 멈출 줄 알

았지만 점점 확산되어 전 세계적으로 유행하는 상황이 되어버렸다. 2021년도에도 동일한 표어와 성경일독을 했다. 2022년도에는 동일한 표어와 함께 주일 낮 예배를 통하여 성경66권의 전체 구조를 조망한 성경읽기를 했다. 지나고 보니 모든 것이 은혜였다.

2023년도를 맞이하면서 하나님께서 요한계시록을 전해야 된다는 거룩한 부담감을 주셨다. 목회를 하면서 성경 전체를 다 전해야 된다는 생각을 가지고 있었지만 요한계시록에 대해서는 차일피일 미루고 있었다.

왜냐하면 자신의 분명한 관점이 없으면 다루기가 쉽지 않기 때문이다. 그럼에도 불구하고 순종하기로 마음먹고 부족함에도 불구하고 성령의 도우심을 구하면서 전하게 되었다.

그동안 목회자들이 요한계시록을 전하는 것을 꺼려했던 것은 어렵다는 선입견, 선불리 해석하면 안 된다는 생각, 견해가 다른 사람들에게 받을 비난, 칼빈도 요한계시록은 주석하지 않았다는 사실 때문일 것이다.

중요한 것은 성경이 무엇을 말하는가에 있다. 목회자의 심정을 가지고 억지로 풀지 않도록 해야 한다(벧후 1:20, 3:16)는 가르침을 따라 조심스럽게 성경이 성경을 말하도록 하고자 노력했다.

요한계시록을 이해 할 수 있는 키워드는 "네가 본 것과 지금 있는 일과 장차 될 일을 기록하라"(계 1:19)는 말씀이다. 이 말씀을 근거로

하여 요한계시록을 살펴보고자 한다.

여기에서 네가 본 것은 1장의 내용으로 계시자 예수 그리스도를 말한다. 지금 있는 일은 2-3장에 등장하고 있는 당시 소아시아 7교회의 실상을 드러낸다. 더 나아가 이 땅에 존재하는 모든 교회의 모습이기도 하다. 4-22장에서는 하나님에 의해 장차 될 일을 밝히고 있다. 이것을 다음과 같이 표로 구성해 보았다. 아무쪼록 요한계시록을 이해하는데 도움이 되기를 바란다.

네가 본 것 (1장)	이제 있는 일 (2-3장)	장차 될 일 (4-22장)
계시자 예수 그리스도	교회의 머리이신 예수 그리스도	승리자 예수 그리스도
예수 그리스도께서	일곱 교회를 향하여 이기는 자가 되라고 하심.	왜냐하면 하나님께서 세상 나라를 그리스도의 나라가 되게 하실 것이기 때문에.
• 예수 그리스도의 계시 • 예수 그리스도의 명령	• 에베소교회 • 서머나교회 • 버가모교회 • 두아디라교회 • 사데교회 • 빌라델비아교회 • 라오디게아교회	• 하나님께서(4-5장) • 세상 나라를(6-18장) / 인, 나팔, 대접 • 그리스도의 나라가 되게 하실 것이기 때문에(19장-22:5) / 재림, 천년왕국, 심판, 천국 • 그러므로 교회는 예수 그리스도의 재림을 기대(22:6-21)

* https://cafe.naver.com/biblebb로 들어가면 이 책의 내용을 동영상으로 들을 수 있다.

네가 본 것(1장)

예수 그리스도께서 제자들 가운데 사랑을 가장 많이 받은 요한을 통하여 A.D 95년경에 요한계시록을 기록하게 하셨다. 이때만 하더라도 예수 그리스도께서 승천하신지 약 60년이 지난 시점이고 예수 그리스도의 십자가와 부활을 목격한 사람들은 거의 죽었고 교회에 대한 로마의 핍박은 강해지고 그래서 성도들이 힘들어 하고 있던 시기였다. 그러한 그들에게 요한계시록은 위로와 용기를 주기에 충분했다.

예수 그리스도의 계시(1:1-8)

요한은 먼저 요한계시록이 예수 그리스도의 계시임을 밝히고 있다. 즉 예수 그리스도께서 알려 주신 것을 기록했다는 것이다. 벧후 1:21에서 "예언은 언제든지 사람의 뜻으로 낸 것이 아니요 오직 성령의 감동하심을 입은 사람들이 하나님께 받아 말한 것임이라"고 말하고 있듯이 요한은 자신이 성령에 감동되어(계 1:10, 4:2, 17:3) 예수 그리스도께서 말씀하고 보여주신 것을 썼을 뿐이라고 말한다.

하나님 아버지께서 예수 그리스도에게 자신의 모든 계획을 주셔서, 예수 그리스도는 그것을 로마의 박해 아래 있는 자신의 몸인 교회에 알려 주려고 천사를 보내어 요한에게 알려 주셨고, 요한은 자신이 본 것을 기록하여 아시아 일곱 교회에 편지로 보냈다. 그 내용은 반드시 속히 일어날 일들(계 1:1〈반드시 속히 일어날 일들〉, 계 1:19〈장차 될 일〉, 계 4:1〈이 후에 마땅히 일어날 일들〉, 계 22:6〈반드시 속히 되어질 일〉)이다.

하나님 -〉	예수 그리스도 -〉	천사 -〉	사도 요한 -〉	그 종들
(계획)	(계시자)	(전달자)	(증거자)	(교회)

* 중요한 것은 수신자가 개인이 아닌 교회(신앙 공동체)라는 사실이다.

이 책은 계시(베일을 벗다)란 말 속에서 알 수 있듯이 하나님의 계획을 드러낸 책이다. 암호화 시켜서 알지 못하도록 한 책이 아니다. 예언이란 갈 속에서 미래에 이루어질 일임을 알 수 있다. 다시 말해 미래에 이루어질 하나님의 계획을 구체적으로 적어서 편지로 소아시아 일곱 교회(1차적으로 일곱 교회지만 모든 시대의 교회를 말함)에 보내라는 것이다. 그러므로 요한계시록은 계시(계 1:1)며, 예언(계 1:3)이고 편지(계 1:4)다.

당시 교회의 지도자인 요한이 밧모(송진이란 뜻)섬에 유배당한 것을 보면 로마 황제였던 도미티안의 박해가 얼마나 심했는가를 알 수 있다. 이런 교회들에게 예수 그리스도께서 하나님의 계획을 알려 주심으로 교회들을 위로하고 있다. 요한은 당시 상황을 고려하여 예언을 상징에 담아서 표현하고 있다.

이 예언의 말씀을 읽는 자와 듣는 자들과 그 가운데에 기록한 것을 지키는 자들이 복이 있음을 말하면서 말씀이 성취될 날이 점점 다가오고 있음으로 준비하고 있으라는 것이다. 그들은 말씀을 붙들었으며 결국 교회를 핍박하던 로마는 역사 속에서 사라졌지만 교회는 지금까지 존재하고 있다. 어느 시대(애굽, 앗수르, 바벨론, 페르시아, 헬라, 로마 …)나 교회는 세상에 순응하지 않는다는 이유로 어려움을 겪지만 주님이 재림하심으로 최후의 승리를 맛보게 될 것이다.

요한은 이 서신을 받아 볼 아시아에 있는 일곱 교회(계 1:11, 2-3장에 자세히 언급되어 있다)에 삼위일체 하나님의 이름으로 은혜와 평강이 있기를 바라는 인사를 하고 있다. 교회에 은혜와 평강이 있기 까지는 하나님의 예비하심과 예수 그리스도의 공로와 성령의 역사하심이 있었던 것이다.

성부에 대하여 "이제도 계시고 전에도 계셨고 장차 오실 이"로 표현하고 있다. 이는 "스스로 있는 자이신 여호와"(출 3:14)를 다른 말로 표현한 것이다. 그는 영원히 살아계신 역사의 주관자이시다.

성령에 대하여 "그의 보좌 앞에 있는 일곱 영"으로 묘사하고 있다. 이는 세상과 교회에 다양하게 역사하시고 영향을 끼치시는 충만한 성령을 말한다. 일곱 영은 성령의 다른 이름으로써 완전을 상징하며 이사야 11:2에서 "그의 위에 여호와의 영 곧 지혜와 총명의 영이요 모략과 재능의 영이요 지식과 여호와를 경외하는 영이 강림하시리니"라고 일곱 가지 측면에서 설명하고 있다.

성자에 대하여 "충성된 증인으로 죽은 자들 가운데에서 먼저 나시고 땅의 임금들의 머리가 되신 예수 그리스도"로 언급하고 있다. 이는 성경대로 십자가에 죽으시고, 성경대로 사흘 만에 부활, 승천하셔서 하나님 보좌 우편에 앉으사 진정한 왕으로써 세상을 다스리고 있음을 말한다(마 28:18, 요 3:35 참고). 교회에는 예수 그리스도께서 세상을 통치하신다는 사실보다 큰 위로는 없다.

이어서 요한은 우리를 죄에서 구원하시고 나라와 제사장으로 삼으신 예수 그리스도께 영광을 돌리는 찬양을 하고 있다(출 19:6, 벧전 2:9 참고). 이 사실로 말미암아 모든 성도는 어떤 사람을 통해서가 아닌 중보자 예수 그리스도를 통하여 하나님 아버지께 직접 나가게 되었다. 얼마나 놀라운 은혜인가.

또 예수 그리스도의 재림에 대하여 선포하고 있다(마 24:36, 딤전 6:15). 그는 부활하신 모습 그대로 모든 사람이 보도록 오실 것이다. 살아계실 때에도, 부활해서도, 승천한 후에도 다시 오실 것을 약속하셨다(요 14:1-3, 행 1:9-10, 계 22:7, 12, 20 참고).

그러므로 영적으로 부활했다거나 영적으로 재림했다는 거짓된 가르침에 미혹되어서는 안 된다. 이 재림이 대적자들에게는 놀랄만한 일이지만(계 6:15-17 참고) 환난과 핍박을 당하고 있는 교회에게는 큰 위로가 되는 말이다(살후 1:3-10 읽을 것). 그러므로 교회는 예수 그리스도의 재림에 대하여 전하고 가르쳐야 한다.

성경은 종말에 대하여 창세기부터 요한계시록까지 말하고 있다(사 46:10). 어느 한 곳에 국한된 것이 아니다. 재림에 대하여 성경에 1,560여회나 기록되어 있다. 신약에 약 318회 언급되어 있다. 즉 25절마다 한 번씩 말하고 있는 것이다.

예수 그리스도는 하나님이시다. 그는 자신을 "나는 알파와 오메가라 이제도 있고 전에도 있었고 장차 올 자요 전능한 자"라고 밝히고 있다. 그는 하나님과 하나이시다(요 10:30). 근본적으로 하나님의 본체(빌 2:6)이신 주님께서 자신을 완전하고 충만하고 영원하신 하나님으로 묘사하고 있다(계 22:13 참고). 그는 역사의 주관자이시며 처음과 끝이시다. 교회가 박해받는 지금도 살아계신다.

지방의 어느 목사님께서 축도시에 "시방도 시퍼렇게 살아계신 우리 주 예수 그리스도의 은혜와 하나님 아버지의 사랑과 성령의 교통하심이 무리와 함께 있을지어다"라고 하셨다고 한다.

예수 그리스도의 재림에 대한 기대를 가질 때 지금은 힘들어도 "온 세상 날 버려도 주 예수 안 버려(찬송가 88장 2절) … 다른 사람 어떠하든지 나 주의 용사되리(찬송가 349장 후렴)"라는 찬양을 부르며 주님의 기대에 어긋나지 않게 착하고 충성된 종으로 살아가게 되는 이유가 될 것이다. 그 날이 있으니까. 이 사실이 이 땅에서의 삶을 여유 있게 만든다.

예수 그리스도의 명령(1:9-20)

예수 그리스도를 보기 전 요한은 하나님의 말씀과 예수를 증언한 이유로 말미암아 밧모섬에 유배당한 상태였다. 요한은 주일에 성령에 감동되어 “네가 보는 것을 두루마리에 써서 아시아 일곱 교회에 보내라”는 주님의 명령을 듣게 되었다. 고난 속에서 주님의 음성을 들은 것이다. 그는 증인(순교자)의 삶을 살고 있었다. 이런 각오로 주님을 믿어야 한다. 믿음의 사람들은 인생의 광야에서 주님의 음성을 듣게 되었음을 기억할 필요가 있다. 신앙생활을 바로 하려면 주님을 위해 고난받을 자세를 가져야 한다(빌 1:29-30, 롬 8:18).

그는 말씀하시는 이를 보려고 몸을 돌이킬 때에 일곱 금 촛대 사이에 인자 같은 이가 오른 손에 일곱 별을 붙들고 있는 것을 보았다. 12-16절까지 예수 그리스도를 수식하는 말들을 해석하려고 하지 말고 핵심만 보기 바란다. 요한은 다니엘이 메시아를 인자로 표현하듯이 예수 그리스도를 인자로 표현하고 있다. 그의 모습을 표현할 단어가 없기에 자기가 알고 있는 범위에서 “~이다”가 아닌 “~같다”고 말하고 있다.

그가 보았던 일곱 금 촛대와 일곱 별에 대하여 계 1:20에서 "네가 본 것은 내 오른 손의 일곱 별의 비밀과 또 일곱 금 촛대라 일곱 별은 일곱 교회의 사자요 일곱 촛대는 일곱 교회니라"라고 주님께서 해석해 주셨다. 이 사실을 통하여 주님께서 교회 사이를 운행하시며 교회 지도자들을 붙들고 계심을 알 수 있다. 이런 모습을 본 요한은 큰 힘을 얻었을 것이다.

예수 그리스도를 본 요한은 그 발 앞에 엎드려 죽은 자 같이 되었다. 이것은 하나님을 만난 자의 한결 같은 반응이다. 이사야도 웃시야 왕이 죽던 해에 성전에 들어가서 기도하다가 하나님의 거룩하심을 보고 "화로다 나여 망하게 되었도다"라고 고백했다(사 6장). 에스겔도 여호와의 권능이 임할 때 그것을 보고 엎드려 말씀하시는 이의 음성을 들었다(겔 1장). 하나님의 임재를 경험한 사람들이 경외심을 가지게 되는 것은 당연한 것이다.

주님은 두려워하는 요한에게 두려워하지 말라고 하면서 자신이 역사의 주관자이시며 십자가에 죽었다가 부활하여 영원토록 살아 계신 자임을 말했다. 그는 하늘과 땅의 모든 권세를 가진 자이시다(마 28:18). 세상의 군왕들이 하나님의 교회를 핍박하더라도 모든 권한은 주님의 손 안에 있다는 것이다. 세상이 요동쳐도 결국 그리스도의 나라(하나님 나라)가 완성될 것이다.

다니엘서에서 보여준 것처럼 이 땅의 제국들은 사라질 것이다. 그렇게 교회를 핍박하며 승리할 것만 같았던 로마는 쇠망했다. 그러나 땅굴(카타콤)을 파가면서까지 신앙을 지키기 위해 핍박을 받았던 교회는 2천년이 지난 지금도 든든히 서가고 있다.

그러므로 주님께서 요한에게 "네가 본 것과 지금 있는 일과 장차 될 일을 기록하라"고 하시면서 모든 관심이 자신의 몸인 교회에 있음을 보여주셨다. 예수 그리스도와 교회는 영원한 운명공동체이다. 다메섹 도상에서 바울을 만난 주님의 말씀 속에서도 알 수 있다. "사울아 사울아 네가 어찌하여 나를 박해하느냐"(행 9:4). 지금도 하늘 보좌 우편에 앉아계시는 예수 그리스도께서 당신의 몸인 지상의 교회를 지키시고, 보호하시고, 눈동자를 고정시키시고 살피신다는 사실을 기억하면서 두려워하지 말고 담대하게 살아야 한다. 주님은 교회와 함께 하신다. 주님의 관심이 교회에 있다면 우리의 관심도 이 땅의 모든 교회에 있어야 한다.

이제 있는 일(2-3장)

그 눈이 불꽃 같으신 예수 그리스도께서 핍박받고 있는 아시아 일곱 교회에 편지하면서 공통적으로 "이기는 자가 되라"고 하셨다. 교회의 사자(지도자, 메신저)에게 편지하라고 하면서 동시에 귀 있는 자는 성령이 교회들에게 하시는 말씀을 들으라고 하신 사실을 통하여 어떤 한 개인이 아닌 교회에 보낸 것임을 알 수 있다. 그러므로 교회는 이 말씀을 귀담아 들어야 한다. 그럴 때 주님이 원하시는 이기는 자가 될 수 있다. 즉 구원받은 자로써 영생을 취하기 위하여 믿음의 선한 싸움을 싸우게 된다.

편지의 패턴은 같다. 발신자, 수신자, 칭찬, 책망, 권면(경고), 약속으로 이루어져 있다. 예수 그리스도께서 일곱 교회의 상태와 관련하여 발신자인 자신을 소개하고 있다. 요한은 밧모섬에서 제일 가까운 에베소로부터 시작해서 시계방향으로 자리 잡고 있는 일곱 교회에 주님의 말씀을 전하고 있다.

에베소 교회(2:1-7)

먼저 에베소 교회부터 살펴보면 다음과 같다. 모든 것을 아시는 주님께서 칭찬으로 시작하고 있다. 그 내용은 행위와 수고 그리고 주님의 이름을 위하여 인내하며 게으르지 아니한 것과 악한 자들을 용납하지 않고 자칭 사도라 하는 자들의 거짓을 드러낸 것이다. 그들의 행위와 수고는 은밀히 보시며 머리털 하나까지 세시는 하나님께서 인정할 정도였다.

또한 세계 7대 불가사리 가운데 하나인 아데미 신전이 있을 정도로 아데미 여신을 숭배하던 도시에 세워진 교회가 큰 저항을 받았음은 자명한 사실이다. 이러한 환경을 감안할 때 그들이 많은 어려움을 참고 견디었다는 것은 큰 칭찬을 받아 마땅하다. 더 나아가 그들은 참된 신앙을 지켰다.

이러한 사실들을 이해하기 위하여 에베소서와 사도행전 19-20장을 읽으면 도움이 된다. 바울이 밀레도에서 에베소교회 장로님들을 청하여 교회를 보살필 것과 사나운 이리가 들어오고 어그러진 말을 하는 사람이 생겨서 성도들을 공격할 때 하나님의 말씀을 기억하라고 당부한 것을 지켜왔다(행 20장).

주님이 말씀하실 때가 에베소 교회가 세워진 지 약40년이 지난 시점이라는 것을 생각할 때 얼마나 귀한 일인가. 교회의 순결은 사람이 지킬 수 있는 것이 아니라 진리의 말씀이 지키는 것이다. 그러므로 교회는 진리의 기둥과 터임을 잊지 말아야 한다(딤전 3:15).

여기서 한 가지 더 살펴 볼 것은 에베소 교회는 주님이 미워하시는 니골라당을 미워했다. 니골라당은 계 2:14-15을 참고하면 발람의 교훈을 지키는 자들임을 알 수 있다. 그들은 하나님의 백성으로 하여금 하나님이 싫어하시는 우상숭배와 음행을 허용하게 했다. 다시 말해 예수 믿고 구원받았으면 삶은 어떻게 살아도 괜찮다는 것이다. 교회와 우상을 겸해서 섬겨도 무방하다는 것이다. 쉽게 말해 그들은 세상과 타협, 양다리, 적당주의자들이었다.

믿음에 따른 삶을 살아야 하는 성도의 입장에서 볼 때 이들이 과연 구원받은 자들인가 하는 의구심을 가지게 한다. 에베소교회는 이러한 니골라당을 용납하지 않았다. 이처럼 에베소교회는 칭찬의 요소가 많은 교회였음에도 불구하고 주님의 책망을 듣게 된다.

책망은 한 마디로 "처음 사랑을 버렸다"는 것이다. 그들은 바울이 하나님께 감사할 정도로 그리스도를 믿음과 성도들에 대한 사랑이 있었던 자들이었다(엡1장). 그러나 세대가 지나갈수록 신앙의 열기가 차츰 식어지면서 권태에 빠지게 되었다. 형식은 있는데 마음의 뜨거움이 사라졌던 것이다. 행위에는 본질인 사랑이 포함되어야만 참된 것인데 정통만을 붙잡다가 영적으로 메마른 상태에 떨어지고 만 것이었다. 그들은 조직도 탄탄했고, 명성도 알려져 있었지만 내적으로 사랑(마음, 불)의 열기가 식어버렸던 것이다.

교리와 교회의 순수성을 유지하고 높은 수준의 봉사를 한다고 해도 주님이 없고, 사랑이 없으면 의미가 없다(고전 13장). 빵에서 밀가루를 빼는 것과 같다. 오늘날의 교회들이 이 경고에 주의를 기울이고 겸허한 마음으로 받아들여야 한다. 정통 교리나 예배의 형식만으로는 부족하다. 예수 그리스도는 우리의 머리와 손 뿐 아니라 가장 중요한 마음을 요구하신다. 주님은 경건의 모양이 아닌 경건의 능력을 갖추길 원하신다.

그러므로 어디서 떨어졌는지를 생각하고 회개하여 처음 행위를 가지라고 권면하고 있다. 즉 처음 사랑을 회복하라는 것이다. 이어서 만일 그리하지 아니하고 회개하지 아니하면 내가 네게 가서 네 촛대를 그 자리에서 옮기리라고 경고하고 있다. 그러므로 교회로서의 역할을 그치지 않기 위해 처음 사랑을 회복해야 한다.

그러기 위해서 먼저 생각해야 한다. 처음과 지금을 비교하여 어느 정도로 멀리 왔는가를 살피고 그렇게 된 원인이 무엇인가에 대하여 생각해야 한다. 자신도 모르는 사이에 점차적으로 멀어졌을 것이다. 해야 되니까 했지 마음은 없었던 것은 아닌지, 싫증난 것은 아닌지, 피곤하다는 핑계 때문은 아닌지, 여전히 활동은 하고 있지만 주님에 대한 사랑을 잃어버린 것은 아닌지에 대하여 자신의 안을 들여다 보고 돌이켜야 한다.

신앙은 언제나 처음을 되돌아보며 처음을 지키는 것이어야 한다. 초심을 회복하도록 해야 한다. 부활하신 주님께서 제자들을 다른 장소가 아닌 처음 만났던 갈릴리로 다시 부르신 것은 그들과의 깨어진 관계를 회복하기 위해서, 그들의 무너진 신앙을 회복하기 위해서,

그들이 잊어버렸던 사명을 회복하기 위해서였다.

안타깝게도 5세기 후에는 에베소 교회도 도시도 모두 쇠퇴해서 지금은 교회가 남아있지 않다. 이러한 사실은 우리로 하여금 많은 생각을 하게 한다. 지금도 기독교의 모체이기도 한 유럽의 많은 교회들은 관광객을 유치하는 장소로 전락해 버렸다. 미국 교회들은 어떤가. 한국 교회는 앞으로 어떻게 될 것 같은가. 주님을 향한 지난날의 뜨거운 마음들은 다 어디로 갔는가. 에베소 교회처럼 냉랭한 교회가 되지 말고 십자가의 사랑으로 뜨거워진 마음을 가지고 영적인 열정이 회복되길 바란다.

서머나 교회(2:8-11)

서머나 교회는 일곱 교회 가운데 빌라델비아 교회와 함께 칭찬만 받은 교회이다. 이 교회의 형편을 소상히 알고 계시는 주님(계 2:8, 1:17하-18상, 하나님이시면서 죽었다가 살아나신 예수 그리스도)이 보실 때 환난과 궁핍의 상태에 있었다. 거기에다가 자칭 유대인(실상은 유대인이 아니고 사탄의 회당)이란 자들의 비방까지 곁들여 있는 상황이었다.

어느 시대나 정치와 거짓된 종교가 하나가 되어 신실한 자들을 핍박해 왔음을 볼 때 서머나 교회가 황제숭배의 본거지에서 유대인의 모함 속에 경제적으로 타격을 입어 궁핍가운데 처하게 되었음을 쉽게 짐작할 수 있다. 그들은 경제적인 안정을 위해서 신앙을 저버리지 않았다. 이에 대하여 주님께서 실상은 네가 부요한 자라고 말씀하셨다. 그들에게는 예수 그리스도가 전부였으며 나머지는 부차적인 것이었다. 신앙생활을 액세서리처럼 필요에 따라서 하는 사람들과 얼마나 다른가.

글라우디오 황제 때 아굴라와 브리스길라 부부는 신앙의 자유를 찾아 로마를 떠나 고린도로 오게 되었다. 하지만 그들은 그 곳에서 바울을 만나 평생 복음을 위한 사역에 동역하게 되었다. 청교도들도 신앙의 자유를 위해 메이플라워호를 타고 영국을 떠나 지금의 미국에 정착하여 복을 누리게 되었다.

부유한 도시 서머나의 상황에서 볼 때 교회는 궁핍했으나 주님이 보실 때 그들은 부유한 자들이었다. 이에 반해 라오디게아 교회는 겉으로는 풍부했으나 주님이 보실 때 실상은 가난한 자들이었다. 그래서 주님께서는 "네가 말하기를 나는 부자라 부요하여 부족한 것이 없다 하나 네 곤고한 것과 가련한 것과 가난한 것과 눈 먼 것과 벌거벗은 것을 알지 못하는도다"(계 3:17)라고 책망하셨다. 라오디게아 교회가 부요속의 빈곤 상태였다면 서머나 교회는 핍박 속에서도 부요한 상태였다. 다시 말해 라오디게아 교회는 마음에 세상으로 가득 찬 교회였다면 서머나 교회는 마음에 주님으로 가득한 교회였다. 오죽하면 라오디게아 교회를 향하여 나를 너의 삶의 주인으로 모셔들이라고 하셨을까(계 3:20).

사람들은 세상의 기준으로 부요함의 상태를 판단하려고 한다. 그러나 주님의 관점은 다르다는 것을 알아야 한다. 주님이 보시는 부요함은 하나님에 대한 것이다. 눅 12:13-21에서 어리석은 부자의 비유를 통하여 하나님에 대하여 부요한 자가 될 것을 말하고 있다. 참된 가치를 아는 자들은 흔들리지 않는다. 그리스도인들은 하늘에 가치를 두고 이 땅을 살아야 한다. 보물이 있는 곳에 마음이 있듯이 보물을 하늘에 쌓는가 땅에 쌓는가에 따라 마음이 하늘 아니면 땅으로 향하게 된다.

그리스도인들은 "가난한 자 같으나 많은 사람을 부요하게 하고 아무것도 없는 자 같으나 모든 것을 가진 자로다"(고후 6:10), "내게는 우리 주 예수 그리스도의 십자가 외에 결코 자랑할 것이 없으니 그리스도로 말미암아 세상이 나를 대하여 십자가에 못 박히고 내가 또한 세상을 대하여 그러하니라"(갈 6:14), "내가 궁핍하므로 말하는 것이 아니니라 내가 어떠한 형편에든지 나는 자족하기를 배웠노니 나는 비천에 처할 줄도 알고 풍부에 처할 줄도 알아 모든 일 곧 배부름과 배고픔과 풍부와 궁핍에도 처할 줄 아는 일체의 비결을 배웠노라 내게 능력 주시는 자 안에서 내가 모든 것을 할 수 있느니라"(빌 4:11-13)라는 자화상을 가지고 살아야 한다.

주님은 고난 가운데 있는 교회에게 "이제 안심하라"가 아니라 "장차 받을 고난을 두려워하지 말라"고 하시면서 앞으로 마귀가 너희 중 몇 사람을 시험할 것인데 그 기간이 한정되어 있다고 말씀하셨다. 성경에서는 신앙생활을 제대로 하고자 하는 자들에게는 핍박이 따름을 말하고 있다. 그러므로 바울이 롬 8:18에서 "생각하건대 현재의 고난은 장차 우리에게 나타날 영광과 비교할 수 없도다"라는 말씀처럼 예수 그리스도로 말미암아 영광을 누리게 될 것이라면 예수 그리스도 때문에 이 땅에서 고난을 당하는 것이 당연한 것이 아닌가. 그 고난은 영광과 족히 비교할 수 없음을 알아야 한다.

느브갓네살 왕이 신상을 만들어 놓고 사람들로 하여금 절하게 하였으나 다니엘의 세 친구는 왕 앞에서 자신들의 신앙을 분명히 밝혔다. "왕이여 우리가 섬기는 하나님이 계시다면 우리를 맹렬히 타는 풀무불 가운데에서 능히 건져내시겠고 왕의 손에서도 건져내시리이다 그렇게 하지 아니하실지라도 왕이여 우리가 왕의 신들을 섬기지 아니하고 왕이 세우신 금 신상에게 절하지도 아니할 줄을 아옵소서"(단 3:17-18). 그들은 절하지 않으면 자신들의 지위와 그에 따른 모든 혜택을 잃게 될 것을 알면서도 신앙을 저버리지 않았다. 그들은 하나님의 주권을 신뢰했다. 그들은 하나님이 능히 구원하실 수 있지만 그렇지 않는다할지라도 즉, 죽는 것이 하나님의 뜻이라면 기꺼이 죽겠다고 밝혔다.

우리가 어떻게 마귀의 시험을 이길 수 있는가? 그것은 죽도록(죽을지라도) 충성하라는 것이다. 충성은 성령의 열매이듯이 믿음의 사람들은 하나님께 충성했다. 믿음장에서 "어떤 이들은 더 좋은 부활을 얻고자 하여 심한 고문을 받되 구차히 풀려나기를 원하지 아니하였으며 또 어떤 이들은 조롱과 채찍질뿐 아니라 결박과 옥에 갇히는 시련도 받았으며 돌로 치는 것과 톱으로 켜는 것과 시험과 칼로 죽임을 당하고 양과 염소의 가죽을 입고 유리하며 궁핍과 환난과 학대를 받았으니 이런 사람은 세상이 감당하지 못하느니라"(히 11:35하 - 37상)고 말하고 있다. 주님은 핍박 중에서도 신앙을 지키는 서머나 교회를 향하여 장차 받을 마귀의 시험(고난)을 두려워 말고 죽도록 충성하라고 격려하고 있다.

교회에서 임직 받는 자들에게 주는 패에 "네가 죽도록 충성하라 그리하면 내가 생명의 관을 네게 주리라"(계 2:10)는 성구를 넣어서 준다. 은퇴하는 자들에게 주는 패에 "그 주인이 이르되 잘하였도다 착하고 충성된 종아 네가 적은 일에 충성하였으매 내가 많은 것을 네게 맡기리니 네 주인의 즐거움에 참여할지어다"(마 25:21)라는 성구를 넣어서 준다. 하나님의 마음에 합한 자 다윗도 "내 눈이 이 땅의 충성된 자를 살펴 나와 함께 살게 하리니 완전한 길에 행하는 자가 나를 따르리로다"(시 101:6)라고 말하면서 하나님이 찾는 자는 충성된 자임을 밝히고 있다.

충성된 자들이 육체적 생명을 잃을지는 몰라도 그에게 주님이 약속하신 생명의 면류관이 예비 되어 있다. 사도 요한의 제자이며 서머나 교회의 감독이었던 폴리갑은 86세에 순교 당했다. 로마 총독이 "가이사는 주"라고 한번만 고백하면 살려주겠다고 권유했지만 그는 "86년간 단 한 번도 예수님은 나를 섭섭하게 하시지 않았는데 내 어찌 나를 구속하신 왕을 욕 하겠소"라고 대답하고는 담대히 화형장으로 나아갔다. 우리 주님이 말씀하셨다. "몸은 죽여도 영혼은 능히 죽이지 못하는 자들을 두려워하지 말고 오직 몸과 영혼을 능히 지옥에 멸하실 수 있는 이를 두려워하라"(마 10:28).

주님께서는 충성하는 자들에게 생명을 약속하셨다. 그들에게는 둘째 사망의 해가 없다. 둘째 사망은 불 못(지옥)을 말한다(계 20:14). 공산국가의 지하교회 성도들, 일제 36년과 6,25을 겪은 신앙의 선배들이 이 시대에 종교의 자유가 있음에도 불구하고 코로나19로 인한 통제도 견디지 못하는 요즘 교회와 성도들을 보면 어떤 생각을 가질까. 앞으로 어떤 어려움이 올지 아무도 모른다. 환난 속에서도 신앙을 지켰던 성도들의 신앙을 본받아 형편과 상황, 그리고 현실을 탓하지 말고 서머나 교회를 생각하며 주님의 격려의 말씀을 붙들고 착하고 충성된 종으로 주님 앞에 서는 자들이 되어야 하겠다.

버가모 교회(2:12-17)

좌우에 날선 검을 가지신 예수님께서 버가모 교회에 대하여 내 입의 검으로 그들과 싸우겠다고 말씀하셨다. 이미 요한은 계 1:16에서 자신이 본 예수님에 대하여 "그의 입에서 좌우에 날선 검이 나오고"라고 언급했다. "하나님의 말씀은 살아 있고 활력이 있어 좌우에 날선 어떤 검보다도 예리하여 혼과 영과 및 관절과 골수를 찔러 쪼

개기까지 하며 또 마음의 생각과 뜻을 판단하나니"(히 4:12), "성령의 검 곧 하나님의 말씀을 가지라"(엡 6:17)는 말씀을 통하여 본문에서의 검은 "하나님의 말씀"이라는 것을 알 수 있다. 주님은 온 천지를 창조하시던 힘 있는 그 말씀으로 싸우신다. 주님의 무기는 말씀이다.

주님께서 버가모 교회를 향하여 네가 어디에 사는지 안다고 하셨다. 그 곳은 사탄의 권좌가 있는 데라는 것이다. 즉 황제 숭배의 중심지, 의료의 신과 제우스를 숭배하며 뱀의 형상을 만들어 놓고 섬기는 등 이교가 성행하던 곳이었다. 이 곳에서 주님의 충성된 증인 안디바가 죽임을 당했다. 전승에 의하면 놋으로 만든 솥에 넣고 밑에서 불을 때서 죽였다고 한다. 이것을 지켜보던 사람들의 마음이 흔들릴 만도한데 그들은 주님의 이름을 붙들고 믿음을 저버리지 않았다. 환난과 궁핍, 그리고 비방 속에서도 하나님에 대하여 부요했던 서머나 교회를 칭찬하셨던 주님은 또한 버가모 교회의 충성됨을 칭찬하셨다.

주님께서 이미 "누구든지 사람 앞에서 나를 시인하면 나도 하늘에 계신 내 아버지 앞에서 그를 시인할 것이요 누구든지 사람 앞에서 나를 부인하면 나도 하늘에 계신 내 아버지 앞에서 그를 부인하리라"(마 10:32-33), "세상에서는 너희가 환난을 당하나 담대하라 내가 세상을 이기었노라"(요 16:33)라고 하신 말씀을 기억할 필요가 있다. 한번 죽는 것은 사람에게 정해진 것이다. 그러므로 어려움이 올 때 사나 죽으나 주님의 것임을 잊지 말아야 한다. 그럴 때 올바른 결정을 내릴 수 있다.

바울도 베드로도 로마의 박해로 말미암아 네로 황제 때 순교를 당했다. 베드로는 당시 핍박 당하는 자들에게 "근신하라 깨어라 너희 대적 마귀가 우는 사자같이 두루 다니며 삼킬 자를 찾나니 너희는 믿음을 굳건하게 하여 그를 대적하라 이는 세상에 있는 너희 형제들도 동일한 고난을 당하는 줄을 앎이라 모든 은혜의 하나님 곧 그리스도 안에서 너희를 부르사 자기의 영원한 영광에 들어가게 하신 이가 잠깐 고난을 당한 너희를 친히 온전하게 하시며 굳건하게 하시며 강하게 하시며 터를 견고하게 하시리라 권능이 세세 무궁하도록 그에게 있을지어다 아멘"(벧전 5:8-11)라고 권면하면서 앞으로 환난의 바람이 계속 불어도 하나님의 은혜 위에 굳게 설 것을 당부했다.

마귀가 교회를 공격하기 위해 쓰는 두 가지 방법은 핍박(벧전 5:8)과 미혹(고후 11:14)이다. 버가모 교회는 핍박은 이겨냈지만 미혹에서는 넘어지고 말았다. 그래서 주님께서 책망하셨던 것이다. 그들에게는 니골라 당의 교훈 즉, 발람의 교훈을 지키는 자들이 있었다. 발람은 발락을 통하여 하나님의 백성들을 넘어지게 한 자였다.

모압왕 발락의 제안을 받아들인 발람(점술가, 수 13:22)을 하나님이 나귀의 입을 열어서 말하기까지 막았으나(민 22-24장, 벧후 2:15-16), 결국 그는 물질을 사랑하여 발락에게 하나님 백성을 무너뜨리는 방법을 가르쳐 주게 되었다(민 31:16). 그것은 우상숭배와 행음이었다. "이스라엘이 싯딤에 머물러 있더니 그 백성이 모압 여자들과 행음하기를 시작하니라 그 여자들이 자기 신들에게 제사할 때에 이스라엘 백성을 청하매 백성이 먹고 그들의 신들에게 절하므로 이스라엘이 바알브올에게 가담한지라 여호와께서 이스라엘에게 진노하시니라"(민 25:1-3). 이 일로 이스라엘 자손 이만 사천 명이 죽게 되었다. 또한 발람의 끝은 죽음이었다(민 31:8). 유다는 잘못된 이정표를 따라가면 결국 멸망인 것을 말하고 있다(유 11).

에베소 교회는 니골라 당의 행위를 미워했으나 안타깝게도 버가모 교회 안에는 이러한 교훈을 가르치고 따르는 자들이 있었다. 이들은 교회를 다니면서도 우상숭배에 참여하고 행음하는 자들이었다. 교회 다니면 구원은 받았으니까 삶은 아무렇게나 살아도 된다는 것이다. 이와 같은 일이 과거에만 있는 것이 아니라 지금도 교묘하게 탈바꿈되어 믿는 자들을 미혹하고 있다. 음행하는 곳을 다닌 다던가 하나님은 사랑이기에 동성애자들도 사랑한다며 동성애를 인정하는 자들이 있다. 이러한 자들에 대하여 성경은 소돔과 고모라를 들어 경고하고 있다.

바울은 오래 전에 말세가 될수록 사람들은 하나님 사랑보다 자기 사랑, 물질 사랑, 쾌락 사랑에 빠져 고통당할 것을 말했다(딤후 3:1-5). 그는 우리 몸이 의의 도구임으로 음행을 피하고, 하나님께 영광을 돌리라고 명령하고 있다. "몸은 음란을 위하여 있지 않고 오직 주를 위하여 있으며 주는 몸을 위하여 계시느니라 하나님이 주를 다시 살리셨고 또한 그의 권능으로 우리를 다시 살리시리라 너희 몸이 그리스도의 지체인 줄을 알지 못하느냐 내가 그리스도의 지체를 가지고 창녀의 지체를 만들겠느냐 결코 그럴 수 없느니라 창녀와 합하는 자는 그와 한 몸인 줄을 알지 못하느냐 일렀으되 둘이 한 육체가 된다 하셨나니 주와 합하는 자는 한 영이니라 음행을 피하라 사람이 범하는 죄마다 몸 밖에 있거니와 음행하는 자는 자기 몸에 죄를 범하느니라 너희 몸은 너희가 하나님께로부터 받은 바 너희 가운데 계신 성령의 전인 줄을 알지 못하느냐 너희는 너희 자신의 것이 아니라 값으로 산 것이 되었으니 그런즉 너희 몸으로 하나님께 영광을 돌리라"(고전 6:13-20).

주님은 버가모 교회에 있는 니골라당 추종자들을 향하여 "회개하라 그리하지 아니하면 내가 네게 속히 가서 내 입의 검으로 그들과 싸우리라"(계 2:16)고 경고하고 있다. 회개하지 않으면 그들을 기다리고 있는 것은 멸망이다. 주님의 무기는 말씀이듯이 믿는 자들의 무기는 말씀이어야 한다. 진리 싸움에 있어서 성령의 검(말씀)을 가져야 한다. 싸움에서 이기기 위해서 체력(기도)이 필요하다. 교회는 진리의 기둥과 터이다. 그러므로 정이 아닌 진리로 싸워야 한다. 바울이 3차 선교여행을 마치고 예루살렘을 향하여 가는 길에 밀레도에서 에베소 장로님들을 모시고 했던 말은 의미심장한 것이었다(행 20:28-32을 읽을 것). 결국 사람이 아닌 하나님의 말씀이 교회와 성도를 지켜준다.

이기는 자에게 주어지는 만나와 흰 돌은 영생을 주신다는 것이다. 하나님께서 이스라엘 백성들에게 주셨던 만나는 곧 생명의 떡으로 이 땅에 오신 예수 그리스도를 말한다. 재판자리에서 배심원들이 항아리에 자신들의 의사를 흰 돌(무죄)과 검은 돌(유죄)로 표현했는데 주님이 흰 돌 위에 새겨진 새 이름을 주신다는 것은 죄 사함 받은 자들에게 주시는 영생을 뜻한다.

주님이 보실 때, 우리가 사는 이 곳은 어떠한 곳인가? 하나님을 믿는 믿음에서 떠나게 만드는 것으로 가득 찬 곳은 아닌가. 믿는 자들이 피할 것이 무엇이고, 따라야 할 것이 무엇인가에 대하여 주의 깊게 살펴야 한다. 구원받은 자로써 신앙의 기본기인 말씀과 기도로 무장하고, 믿음의 선한 싸움을 싸우고 영생을 취하는 자들이 되어야 한다.

두아디라 교회(2:18-29)

두아디라는 로마 군대가 주둔하고 있던 상업도시로서 제조업이 발달하다보니 동업자 조합의 활동도 활발했다. 이러한 곳에 교회가 세워지는 데 지대한 공헌을 한 사람은 사도행전 16장에 나오는 "루디아"라는 여인이다. 그는 두아디라성의 자색 옷감 장수로써 빌립보에서 바울이 전한 복음을 듣고 예수를 믿게 되었고(행 16:14), 온 가족도 믿고 세례를 받았다.

이러한 두아디라 교회에 편지하는 주님은 자신을 "그 눈이 불꽃 같고 그 발이 빛난 주석과 같은 하나님의 아들"로 소개하고 있다(계 1:14하 - 15상 참고). 주님은 두아디라 교회의 사업, 사랑, 믿음, 섬김, 인내와 같은 신앙적인 요소들이 점점 성숙하는 것을 칭찬하셨다. 데살로니가 교회가 믿음의 역사, 사랑의 수고, 소망의 인내가 더 풍성해 진 것처럼 신앙의 성숙이 성도들에게 필요하다. 왜냐하면 신앙의 자라남을 주님이 칭찬하고 있기 때문이다.

그런데 주님이 칭찬에 이어 책망하고 있다. 그 내용은 에베소 교회와 대조적이다. 에베소 교회는 처음 사랑을 버린 반면에 악한 자들(자칭 사도, 니골라당)을 용납하지 않았다. 하지만 두아디라 교회는 사랑이 점점 많아진 반면에 자칭 선지자라 하는 여자 이세벨을 용납하였다. 그는 사람들을 가르치고 꾀어 행음하게 하고 우상의 제물을 먹게 하였다는 의미는 당시 두아디라시의 상황을 알면 이해할 수 있다.

그 곳에서 경제 활동을 하려면 동업자 조합에 가입해야 했고, 조합마다 있는 수호신을 섬기며 축제에 참여해야 했다. 그 축제는 행음으로 이어졌다. 이러한 것을 알면서도 경제적인 타격을 입지 않기 위해 함께 하지 않으면 안 되는 분위기였다. 이세벨의 가르침은 "우리가 교회를 다니더라도 살기 위해서라면 그들과 잘 지내야 되지 않느냐?", "서로 맞추며 살아야지 그렇지 않으면 힘들어", "영혼이 중요한 거지 육체는 결국 썩어질 거잖아".

이러한 세속적인 가치관은 지금도 교회에 만연해 있다. 결단하지 않으면 그렇게 살아갈 수밖에 없다. 살아남기 위해 회식에 참여해야 되고, 거기서 끝나는 것이 아니라 이차 삼차로 이어지는 상황들이 벌어진다. 혼합주의는 결국 성도들을 타락시킨다.

교회를 부패하게 만든 이세벨은 어떤 여인인가? 구약에서 그 힌트를 가져올 수 있다. 동일한 이름의 이세벨은 시돈왕 엣바알의 딸로써 북이스라엘의 왕 아합의 아내가 되었으며, 바알과 아세라를 섬기는 자들의 수장이 되어 북이스라엘을 어둡게 만든 자였다. 이와 같이 두아디라 교회의 내부에서 여자 이세벨은 교회를 부패하게 만들었다. 교회는 거짓된 가르침을 주의해야 한다. 거짓된 자들은 외부에서 들어올 수도 있고, 내부에서 생겨날 수도 있다. 거짓된 자들은 멀리 있는 것이 아니라 우리 주변에 가까이 있다. 교회 안에 알고 지내는 사람들로 인해서 잘못된 길로 갈 수도 있다. 진리는 정이 아니라 냉정한 것이다. 왜냐하면 영원한 생명과 연결되어 있기 때문이다. 그러므로 하나님의 말씀만이 자신을 지켜줄 수 있음을 잊지 말아야 한다.

주님께서는 기회를 주었지만 회개하지 않는 그를 침상에 던질 것이라고 하였다. 또한 그를 동조하고 따르는 자들도 회개하지 않으면 심판하실 것이라고 말했다. 앞서 말했듯이 불꽃같은 눈을 가지신 주님께서 "모든 교회가 나는 사람의 뜻과 마음을 살피는 자인 줄 알지라 내가 너희 각 사람의 행위대로 갚아 주리라"고 경고하면서 교회 안에 이세벨의 교훈을 따르지 않는 다른 부류의 사람이 있음을 말하고 있다. 아합왕 시대에도 그러한 사람들이 있었다. 바로 궁내 대신 오바댜였다. 그는 하나님을 경외하는 자로써 선지자 백 명을 굴에 숨기고 삼년이상 떡과 물을 공급하면서 돌봤다. 하나님께서는 엘리야에게 바알에게 무릎을 꿇지 않은 7,000명이 있음을 말씀하셨다. 어두운 시대에도 하나님만 믿고 따르는 남은 자들이 있다. 두아디라 교회 안에 있는 말씀을 지키는 자들에게 내가 올 때까지 진리를 굳게 잡으라고 명령하셨다.

히브리서 기자가 불확실한 시대 속에서 확신을 가지고 살기 위해 예수를 깊이 생각하고(히 3:1), 예수를 굳게 붙잡고(히 4:14), 예수만 바라보라(히 12:2)고 한 말씀을 기억해야 될 필요가 있다. 믿음의 선한 싸움을 싸우고 영생을 취하기 위해 매일 필요한 것은 말씀과 기도이다. 주님이 부르실 때까지 얼마나 남았는가. 바울이 "나는 선한 싸움을 싸우고 나의 달려갈 길을 마치고 믿음을 지켰으니 이제 후로는 나를 위하여 의의 면류관이 예비되었으므로 주 곧 의로우신 재판장이 그날에 내게 주실 것이며 내게만 아니라 주의 나타나심을 사모하는 모든 자에게도니라"(딤후 4:7-8)라고 외쳤던 승리자의 외침이 큰 울림으로 다가 오기를 바란다(계 3:11 참고).

주님은 자신을 굳게 잡는 자, 즉 이기는 자와 끝까지 내 일을 지키는 자에게 주님과 함께 철장 권세를 가지고 만국을 다스리게 될 것(시 2:9 참고)과 새벽별을 주시겠다(계 22:16)고 약속하셨다. 주님으로 말미암아 누리게 될 모든 영광을 주시겠다는 것이다.

우리에게 주어진 상황에서 타협할 것인지 영적인 순결을 지킬 것인지 고민하게 만드는 시대 속에서 회개할 것은 회개하고, 말씀 붙들고, 빛과 소금으로, 그루터기로, 남은 자로, 세상에 무릎을 꿇지 않는 자로 살아가고자 할 때 주님이 감당하도록 붙들어 주실 것이다.

사데 교회(3:1-6)

사데 교회는 교회의 머리가 되시는 주님으로부터 가혹하리만큼 심한 책망을 받았다. 사데는 다섯 개의 도로가 교차하는 곳에 세워졌으며 무역이 활발하다보니 부유한 생활을 할 수 있었으나 도덕적으로 해이한 상태에 빠져 있었다. 이러한 곳에 세워진 사데 교회가 주님으로부터 "내가 네 행위를 아노니 네가 살았다 하는 이름은 가졌으나 죽은 자로다"라는 책망을 받을 정도로 영적으로 잠들어 있는 것이 당연한 것인지도 모른다. 사람들이 볼 때는 살아 있는 것 같지만 주님이 보실 때에는 죽어 있다는 것이다. 한마디로 죽은 신앙이라는 것이다. 경건의 모양은 있으나 경건의 능력을 상실한 상태, 신앙생활에 게으름과 싫증을 나타내는 무기력한 모습, 말만 내세우고 그를 입증할 만한 행함이 없는 나태한 교회였다.

오늘날도 형식은 있으나 주님께 온전히 마음을 기울이지 못하고 살아가는 허한 신앙생활이 만연하다. 어쩌면 자칭 그리스도인 즉 무늬만 그리스도인은 아닐까하는 생각이 든다. 그리스도인이란 말은 사도행전 11:26절에 처음 나온다(행 26:28, 벧전 4:16 참고). 이 호칭은 믿지 않는 사람들이 교회에 다니는 사람들에게 붙여준 것이다. 다시 말해 그리스도인은 그리스도를 닮아가고, 따르고, 그를 위해 살아가는 자들이란 것이다. 이런 사실들을 생각할 때 사데 교회는 주님에 대한 갈망이 없는 즉 예수 그리스도가 결핍된 무관심한 모습을 보이고 있었다.

전도서 9:4에 보면 "산 개가 죽은 사자보다 낫다"라는 말이 있다. 사자가 살아 있을 때 사자지 죽은 사자는 아무런 의미가 없다. 동물원의 우리에 갇혀있는 사자는 모양만 사자지 사자다움의 행동이 없다. 그림책 속의 사자는 어떤가. 동물의 왕이라도 죽었으면 살아 있는 개만도 못한 것이다. 이처럼 우리의 신앙도 이름만 그리스도인이 아니라 적은 부분이라도 이름에 걸 맞는 삶이 있어야 한다.

성경은 말한다. "향락을 좋아하는 자는 살았으나 죽었느니라"(딤전 5:6). 포도나무에 붙어있지 않은 가지와 주님의 품을 떠난 자를 죽었다고 표현하고 있다. 주님께서 "나를 떠나서는 너희가 아무것도 할 수 없음이라"(요 15:5)고 하셨으며, 탕자가 돌아왔을 때 아버지께서 "이 내 아들은 죽었다가 다시 살아났으며 내가 잃었다가 다시 얻었노라"(눅 15:24)라고 한 말을 볼 때, 아들이 아버지를 떠난 상태를 죽었다고 표현하고 있다.

사데 교회는 스스로 믿는다고 하지만 믿음에 따른 삶이 없었다. 이 시점에서 바울이 그레데인들을 향해 한 말을 기억할 필요가 있다. "그들이 하나님을 시인하나 행위로는 부인하니 가증한 자요 복종하지 아니하는 자요 모든 선한 일을 버리는 자니라"(딛 1:16). 야고보서 기자의 말도 들을 필요가 있다. "너희는 말씀을 행하는 자가 되고 듣기만 하여 자신을 속이는 자가 되지 말라"(약 1:22), "네가 보거니와 믿음이 그의 행함과 함께 일하고 행함으로 믿음이 온전하게 되었느니라"(약 2:22), "영혼 없는 몸이 죽은 것같이 행함이 없는 믿음은 죽은 것이니라"(약 2:26).

독일 뤼벡교회의 낡은 벽에 붙어 있는 돌 판에 "주는 우리에게 말씀하신다"는 시가 새겨져 있다. "너희는 나를 주라 부르면서 따르지 않고, 너희는 나를 빛이라 부르면서 우러러보지 않고, 너희는 나를 길이라 부르면서 따라 걷지 않고, 너희는 나를 삶이라 부르면서 의지하지 않고, 너희는 나를 존귀하다 하면서 섬기지 않고, 너희는 나를 강하다 하면서 존경하지 않고, 너희는 나를 의롭다 하면서 두려워하지 않으니 그런즉 너희를 꾸짖을 때에 나를 탓하지 말라".

주님께서 "네 행위의 온전한 것을 찾지 못했다"(삼상 2:3, 단 5:27 참고)고 하신 말에서 주님이 "네가 죽은 자"라고 하신 의미가 믿음에 따른 삶이 없는 상태를 말하는 것임을 알 수 있다. 주님께서 너희는 세상의 빛이라고 하시면서 “너희 빛이 사람 앞에 비치게 하여 그들로 너희 착한 행실을 보고 하늘에 계신 너희 아버지께 영광을 돌리게 하라”(마 5:16)고 명령하셨다. 여기서 빛이 착한행실을 말하는 것임을 알 수 있다. 그것을 통하여 사람들로 하여금 하나님께 영광을 돌리게 하라는 것이다.

본문의 “일깨어”라는 말에서 교회가 잠들어 있는 상태임을 알 수 있다. 주님께서 교회를 향하여 잠든 상태에서 깨어나라고 경고하고 있다. 만일 깨어나지 않으면 주님이 도둑같이 이를 것을 말하고 있다. 그러므로 네가 어떻게 받았으며 어떻게 들었는지 생각하고 지켜 회개하라고 하셨다. 교회가 다시 살아나기 위해서 필요한 것은 회개이다. 회개함으로 깨어나라, 각성하라, 말씀으로 돌아가라는 것이다. 바울도 에베소 교회를 향하여 “너희가 전에는 어둠이더니 이제는 주 안에서 빛이라 빛의 자녀들처럼 행하라 빛의 열매는 모든 착함과 의로움과 진실함에 있느니라 … 그러므로 이르시기를 잠자는 자여 깨어서 죽은 자들 가운데서 일어나라 그리스도께서 너에게 비추실 것”이라고 말했다(엡 5:8-14).

그런데 교회 안에 몇 명은 깨어 있어서 주님이 보실 때 합당한 자들이 있었다. 이들은 그 옷을 더럽히지 않은 자, 즉 행실이 옳은 자들이었다. 주님이 보실 때 소수만이 살아 있는 모습이었다. 그들은 하나님을 기쁘시게 하는 삶을 살았다. 주님께 순종했으며, 따랐으며, 닮아가는 자들이었다. 계 19:8에서 “그에게 빛나고 깨끗한 세마포 옷을 입도록 허락하셨으니 이 세마포 옷은 성도들의 옳은 행실이로다"라고 말씀하고 있듯이 이들이 그리스도의 신부들이다. 베드로도 주님의 재림을 기대하는 자라면 "거룩한 행실과 경건한 삶을 사는 것"이 마땅하다고 말하고 있다(벧후 3:11).

복음은 믿어 순종케 하는데 있다. 복음은 듣기만 하고 아는데서 그치는 것이 아니라 행동으로 표현되어야 한다. 믿음과 행위가 하나라고 들었다면 이름뿐인 신앙을 회개하라는 것이다. 호세아 선지자가 북이스라엘을 향하여 "뒤집지 않은 전병"(호 7:8) 같다고 한 것처럼 하나님 백성으로서의 독특한 맛을 잃어버리고 세상 풍조에 자신을 내어준 모습은 아닌지 살펴보고 회개해야 한다. 주님께서 "보라 내가 도둑같이 오리니 누구든지 깨어 자기 옷을 지켜 벌거벗고 다니지 아니하며 자기의 부끄러움을 보이지 아니하는 자는 복이 있도다"(계 16:15)라고 말씀하셨다.

말씀에 따른 삶이 없이 귀와 머리만 커져있는 모습이 아닌 주님이 보실 때 합당한 자로써 주님과 교제하는 삶을 살다가 이기는 자에게 주시는 영생(계 3:6)을 누려야 한다. 주님은 회개하고 이기는 자가 되기를 바라신다. 이 시대의 교회가 주님의 말씀을 듣고 잠자는 영혼들이 깨어나 주님을 갈망하게 되기를 바란다.

빌라델비아 교회(3:7-13)

빌라델비아 교회는 서머나 교회와 함께 칭찬만 들은 교회였다. 이 교회를 향하여 주님께서 자신을 "거룩하고 진실하사 다윗의 열쇠를 가지신 이"로 소개하고 있다. 이 표현 속에 빌라델비아 교회가 신실한 교회라는 의미가 담겨있다. 주님께서는 다윗의 열쇠를 가지신 이에 대한 부연설명을 하고 있다. 즉 자신이 열면 닫을 사람이 없고 닫으면 열 사람이 없다는 것이다. 이 말씀은 "내가 또 다윗의 집의 열쇠를 그의 어깨에 두리니 그가 열면 닫을 자가 없겠고 닫으면 열 자가 없으리라"(사 22:22)라는 말씀에서 가져 온 것이다. 하나님께서 예루살렘 성을 맡고 있던 셉나를 쫓아내시고 충성된 자 엘리아김을 세우면서 하신 말씀이다. 여기서 열쇠는 권위와 통치를 상징한다. 하나님께서 엘리아김에게 예루살렘의 출입문을 맡기셨던 것처럼 주님께 천국의 출입문을 맡기셨던 것이다. 바로 이 권세를 가지신 주님께서 빌라델비아 교회를 향하여 천국 문을 열어 놓았다는 것이다. 한 마디로 구원에 대해 확실한 보장을 해주셨다.

스데반 집사는 순교하는 순간 이 열린 문을 통하여 주님께서 하나님 우편에 서 계신 것을 보았다. 그리고 그는 외쳤다. "보라 하늘이 열리고 인자가 하나님 우편에 서신 것을 보노라"(행 7:56). 미국의 유명한 부흥사 무디도 임종시에 천국의 문이 열리는 것을 보고 너무나 영광스러워 "이것이 죽는 것이라면 속히 죽겠노라"고 말했다. 우리가 구원의 확신을 가지고 천국에 대한 소망을 가지고 살아가는 것은 오직 주님에 의한 것임을 잊지 말아야 한다. "다른 이로써는 구원을 받을 수 없나니 천하 사람 중에 구원을 받을 만한 다른 이름을 우리에게 주신 일이 없음이라"(행 4:12). "내가 곧 길이요 진리요 생명이니 나로 말미암지 않고는 아버지께로 올 자가 없느니라"(요 14:6).

마태복음 16장에 보면 "주는 그리스도시요 살아 계신 하나님의 아들"이라는 베드로의 고백에 이어 주님께서 내가 이 반석(베드로의 신앙고백) 위에 내 교회를 세우겠다고 말씀하시면서 내가 천국 열쇠를 네(교회)게 주겠다고 하셨다. 즉 교회에 구원의 복음을 전파할 권세를 주신 것이다. 그러므로 주님께서 "너희는 온 천하에 다니며 만민에게 복음을 전파하라 믿고 세례를 받는 사람은 구원을 얻을 것이요 믿지 않는 사람은 정죄를 받으리라"(막 16:15-16)고 하셨다.

또한 그리스도 안에서 새로운 피조물이 된 우리들에게도 하나님과 화목하게 하는 직분을 주셨으며, 화목하게 하는 말씀을 부탁하셨다. 따라서 성도들은 그리스도의 사신이 되어 사람들에게 "너희는 하나님과 화목하라"(고후 5:20)고 전해야 한다.

주님께서는 빌라델비아 교회가 작은 능력을 가지고도 주님의 말씀을 지키며 주님의 이름을 배반하지 않은 것을 칭찬하셨다. 그들 가운데는 자칭 유대인들, 즉 거짓말 하는 자들(사탄의 회당)이 있었다. 서머나 교회도 동일한 상황에 처해 있었다(계 2:9). 이들이 거짓된 교훈을 가지고 교회를 무너뜨리려고, 생각과 행동을 세속화함으로 마음을 주님께 향하지 못하게 하려 하였으나 빌라델비아 교회 성도들은 끝까지 진리의 말씀을 붙들었던 것이다. 주님은 이러한 그들을 칭찬하셨다.

서머나 교회는 충성하는 교회였고, 빌라델비아 교회는 신실한 교회였다. 이들 교회의 공통점은 "언제나"였다. 이들은 좁은 문으로 들어가라는 주님의 명령을 따라 좁은 문으로 들어가 좁은 길 걷기를 원했다. 그들은 외적으로 뚜렷한 사람도 없었고 생활에 넉넉한 사람도 없었다. 하지만 그들은 능력보다 중요한 신실함이 있었다. 빌라델비아 교회는 사람들이 볼 때는 보잘 것이 없었으나 주님이 보실 때는 크고 훌륭했다. 교회의 건물, 인원, 재정의 정도가 믿음의 크기는 아니다. 말씀을 붙드는 성도 즉 신앙의 순결을 지키는 성도가 믿음이 큰 것이다.

주님께서 빌라델비아 교회를 향하여 너희가 내 말을 지켰은즉(8절, 10절), 내가 너희를 사랑하는 줄을 대적자들로 하여금 알게 하겠고, 또한 너희를 지켜 장차 임할 시험의 때를 면하게 하겠다고 말씀하셨다. 말씀을 지키는 것이 하나님을 사랑하는 것이고, 이러한 자들을 하나님께서 지켜 주신다.

주님께서는 "네가 나의 인내의 말씀을 지켰다"고 하셨다. 여기서 우리는 선을 행하다가 낙심치 않는 것, 선으로 악을 이기는 것, 말씀을 지키는 것에는 인내가 필요함을 깨닫게 된다. 씨 뿌리는 비유에 보면 모두 말씀을 듣지만 결실하는 자는 오직 인내하는 자만이 결실하게 됨을 보게 된다. "좋은 땅에 있다는 것은 착하고 좋은 마음으로 말씀을 듣고 지키어 인내로 결실하는 자니라"(눅 8:15). 말씀하신 하나님께서 말씀하신 것을 반드시 성취하실 것이라는 것을 확신하는 자만이 인내할 수 있다.

이삭은 애굽으로 내려가지 말라는 하나님의 말씀을 따라 그랄에 머무르게 되고, 그러한 그에게 하나님께서는 복을 주셨다. 이에 시기한 자들이 이삭에게 떠날 것을 말하고, 이삭은 계속 옮겨 다니는 상황에서도 다투지 않고 하나님만을 믿었던 것이다. 결국 그를 대적하던 자들이 와서 이삭에게 "여호와께서 너와 함께 계심을 우리가 분명히 보았으므로 … 너는 여호와께 복을 받은 자니라"(창 26:28-29)라고 고백하게 됐다.

다니엘의 세 친구는 하나님의 말씀을 지키기 위해 느부갓네살 왕이 세운 신상에 절하지 않았다. 이에 왕은 그들에게 순종하지 않으면 풀무불에 넣겠다고 위협했다. 그럼에도 불구하고 세 사람은 왕에게 자신들의 의사를 분명히 밝혔다. 그들은 풀무불에 던져졌다. 그런데 불 속에는 세 명이 아니라 네 명이 있었다. 그 넷째의 모양은 신들의 아들과도 같았다(단 3:25). 주님께서 말씀을 붙드는 그들을 지켰던 것이다. 결국 느부갓네살 왕은 전능하신 하나님을 높이게 되고, 세 사람은 더욱 높임을 받게 되었다. 여기서 우리는 환경 속의 진리이신 하나님을 믿어야 한다. 풀무불과 같은 고난 속에서 함께 하시는 분이 계심을 기억해야 한다. 예수 그리스도를 믿은 것이 옳았다는 것을 증명할 날이 반드시 오게 될 것이다.

주님은 자신의 교회를 사랑하신다. 그것은 함께 하시며 지켜 주시는 것으로 보여 주신다. 바울의 진술을 통하여 본문을 더 깊이 이해했으면 한다. "이로 말미암아 내가 또 이 고난을 받되 부끄러워하지 아니함은 내가 믿는 자를 내가 알고 또한 내가 의탁한 것을 그날까지 그가 능히 지키실 줄을 확신함이라"(딤후 1:12), "나는 선한 싸움을 싸우고 나의 달려갈 길을 마치고 믿음을 지켰으니 이제 후로는 나를 위하여 의의 면류관이 예비되었으므로 주 곧 의로우신 재판장이 그 날에 내게 주실 것이며 내게만 아니라 주의 나타나심을 사모하는 모든 자에게도니라"(딤후 4:7-8), "주께서 내 곁에 서서 나에게 힘을 주심은 나로 말미암아 선포된 말씀이 온전히 전파되어 모든 이방인이 듣게 하려 하심이니 내가 사자의 입에서 건짐을 받았느니라 주께서 나를 모든 악한 일에서 건져내시고 또 그의 천국에 들어가도록 구원하시리니 그에게 영광이 세세무궁토록 있을지어다 아멘"(딤후 4:17-18).

주님께서는 말씀을 지킨 빌라델비아 교회를 향하여 "네가 가진 것(인내의 말씀)을 굳게 잡아 아무도 네 면류관을 빼앗지 못하게 하라"고 하셨고, 충성한 서머나 교회를 향해서도 "네가 죽도록 충성하라 그리하면 내가 생명의 관을 네게 주리라"(계 2:10)고 하셨다. 주님의 권면은 지금까지 잘해 왔듯이 계속해서 충성하고, 계속해서 말씀을 붙들라는 것이다.

개인적으로 찬송가 349장 후렴의 가사를 좋아한다. “다른 사람 어쩌든지 나 주의 용사되리 나는 주의 군사되어 충성을 맹세하여 내가 승리하기까지 주 은혜로 싸우리 주님의 용사된 내게 주의 일 맡기소서”. 누구 때문이 아닌 주님의 사랑이 삶을 이끄는 자로써의 삶을 살아야 한다.

주님께서 “이기는 자”가 되라고 말씀하시면서 그들에게는 “하나님의 이름”, “새 예루살렘의 이름”, “나의 새 이름”이 기록될 것을 약속하고 있다. 즉 주님이 자신의 소유로 삼으신다는 것이다. 아시아 7교회를 통하여 모든 교회에게 하고자 하는 말씀은 이기는 자가 되라는 것이다. 그리고 이기는 자에게 약속된 것은 다양한 표현으로 말씀하고 있지만 한 가지 영생(구원)이다. “적은 무리여 무서워 말라 너희 아버지께서 그 나라를 너희에게 주시기를 기뻐하시느니라”(눅 12:32).

라오디게아 교회(3:14-22)

일곱 도시 중 가장 부유한 도시인 라오디게아에 세워진 라오디게아 교회의 상태는 가장 심각했다. 라오디게아는 금융, 섬유, 안과 의술이 발달한 도시였다. 또한 A.D 60년 지진으로 인한 피해가 있었으나 로마의 지원을 받지 않고 자립할 정도로 부강했다. 그러나 부족한 것이 하나 있었는데 바로 물이었다. 주변에 있는 히에라볼리에는 뜨거운 온천이 있었고, 골로새에는 차가운 물이 있었으나 라오디게아에는 철분과 석회질이 함유된 미지근한 물이 있었다. 이 물을 먹으면 토할 정도여서 수로를 만들어 물을 끌어와야 할 정도였다.

이 곳에 세워진 교회도 물질에 대한 부족함이 없는 상태이다 보니 하나님을 외면하는 어리석음에 빠지게 되었다. 이것이 그들의 부족함이었다. 이 교회는 서머나 교회와 대조적이다. 주님이 보실 때 서머나 교회는 환난과 궁핍 속에서도 부요한 상태(계 2:9)였으나 라오디게아 교회는 부요 속에 빈곤한 상태였다(계 3:17). 주님께서 "자기를 위하여 재물을 쌓아 두고 하나님께 대하여 부요하지 못한 어리석은 부자 비유"(눅 12:21)를 말씀하신 적이 있다. 라오디게아 성도들은 "나는 부자라 부요하여 부족한 것이 없다"고 말하고 있으나 주님이 보실 때 그들은 영적으로 가난한 자들이었다. 하나님께 대하여 부요하지 못한 그들은 주님으로부터 책망을 들어야 했다.

주님이 원하시는 것은 차든지 뜨겁든지 하라는 것이었다. 그들은 세상으로 가는 것도 아니고 그렇다고 주님을 뜨겁게 섬기는 것도 아닌 어정쩡한 상태, 즉 토하여 버리고 싶을 정도의 미지근한 모습이었다. 여호수아는 고별설교에서 하나님으로부터 멀어지는 백성들에게 하나님을 섬기든지 아니면 애굽의 신이나 가나안의 신을 섬길 것을 선택하라고 결단을 촉구했다(수 24장). 엘리야는 갈멜산에서 바알과 아세라를 섬기는 자들과 850:1로 싸우는 자리에서 둘러선 무리들에게 "너희가 어느 때까지 둘 사이에서 머뭇머뭇 하려느냐 여호와가 만일 하나님이면 그들 따르고 바알이 만일 하나님이면 그를 따르라"(왕상 18:21)고 질책했다. 즉 태도를 분명히 하라는 것이다.

그들이 이러한 책망을 받게 된 원인은 스스로 "나는 부자라 부요하여 부족한 것이 없다"고 한 말에서 발견할 수 있다. 그들은 원하는 것을 다 가졌기에 다 된 줄 알고, 제 잘난 맛에 살고 있었던 것이다. 주님께서 그들의 "곤고한 것, 가련한 것, 가난한 것, 눈 먼 것, 벌거벗은 것"을 지적할 정도로 자신들의 심각한 상태를 깨닫지 못하고 있었다.

그들의 심령은 세상의 것들로 가득 차 있었다. 주님이 들어갈 틈이 없었다. 주님이 없는 신앙생활을 하고 있었다. 자신들이 주인 된 삶을 살고 있었다. 하나님에 대한 기대감을 잃어버리고 하나님 없이도 살아갈 수 있다는 영적 교만에 빠져 있었다. 그들로 말미암아 기뻐해야 될 주님조차도 그들을 역겹게 여길 정도였다. 그들은 주님 앞에 보이러 오며 그 것 조차도 번거롭게 생각할 정도였다(사1장, 말1장 참고).

이러한 교회에 대한 주님의 처방전은 "내게서 불로 연단한 금을 사서 부요하게 하고 흰 옷을 사서 입어 벌거벗은 수치를 보이지 않게 하고 안약을 사서 눈에 발라 보게 하라"(18절)는 것이었다. 그들에게 결핍된 것은 순수한 믿음과 그에 따른 삶, 그리고 참된 가치를 보는 것이었다. 가진 것이 너무 많아서 하나님이 보이지 않다보니까 진정한 부요함을 망각하고 있었다. 부자 된 그 자체를 하나님의 복으로 간주하다보니 그들에게는 하나님보다 눈에 보이는 것들이 더 소중했다. 처음에는 하나님을 찾다가 점점 하나님이 주신 복들이 그들의 하나님이 되어버린 것이었다. 이러한 사실을 안다면 주님 없이 잘 되는 것을 두려워해야 한다. 왜냐하면 하나님으로부터 멀어지게 만들기 때문이다.

주님은 그들을 사랑해서 책망하여 징계하고 있다(히 12:5-13 참고). "네가 열심을 내라 회개하라". 그렇게 되는 비결이 20절에 있다. 이 구절은 미국 지미 카터 대통령이 가장 좋아했던 구절이기도 하다. 그는 일생을 주님을 모셔 들이고 주님과 함께 교제하며 살았다. 그는 진정으로 부요한 자였다. "볼지어다 내가 문 밖에 서서 두드리노니 누구든지 내 음성을 듣고 문을 열면 내가 그에게로 들어가 그와 더불어 먹고 그는 나와 더불어 먹으리라". 주님을 삶의 주인으로 모셔 들이면 주님이 모든 면에서 인도해 가실 것이다. 이것이 참된 부요함이다.

바울이 모든 것을 배설물로 여기고 소유하려고 했던 보화가 바로 주님이었던 것이다. 그리스도가 없는 기독교가 되어서는 안 된다. 주님이 교회 안에 계시는가? 밖에 계시는가? 주님이 우리 안에 계시는가? 밖에 계시는가? 바울은 우리에게 진지하게 도전하고 있다. "너희는 믿음 안에 있는가 너희 자신을 시험하고 너희 자신을 확증하라 예수 그리스도께서 너희 안에 계신 줄을 너희가 스스로 알지 못하느냐 그렇지 않으면 너희는 버림 받은 자니라”(고후 13:5).

주님이 역겨워하시는 미지근한 신앙 상태를 버리고 주님이 원하시는 열심 있는 성도들이 되기 바란다. 주님은 라오디게아 교회를 향해서도 이기는 자에게 주시는 약속을 말씀하셨다. 그것은 표현은 다르지만 모든 교회에게 약속한 영생이었다. 교회의 머리이신 주님께서 몸인 교회를 향하여 간절하게 부르짖는 것은 성령이 교회들에게 하는 말씀을 듣고 이기는 자가 되라는 것이다. 그 이유에 대하여 4장서부터 살펴보도록 하겠다.

장차 될 일(4-22장)

지금까지 계시록 1:19의 말씀대로 1장에서 네가 본 것(예수 그리스도의 계시와 명령)과 2-3장에서 이제 있는 일(에베소 교회, 서머나 교회, 버가모 교회, 두아디라 교회, 사데 교회, 빌리델비아 교회, 라오디게아 교회)에 대한 내용을 살펴보았다. 이제 장차 될 일(4-22장)에 대하여 알아보고자 한다.

하나님께서(4-5장)

1. 보좌 위에 앉으신 이(4:1-11)

요한은 예수 그리스도로부터 일곱 교회의 상태에 대하여 들은 후에 하늘에 열린 문을 보았고, 처음 들었던 나팔 소리 같은 음성이 "이리로 올라오라 이후에 마땅히 일어날 일들을 네게 보이리라"는 소리를 듣고 성령에 감동되어 영이 하늘로 올라가서 주님께서 보여주시는 것을 보게 되었다. 첫 순교자였던 스데반집사도 성령이 충만하여 하늘이 열리고 인자가 하나님 우편에 서신 것을 보았다. 즉 자신을 영접하기 위하여 서 계신 주님을 보았던 것이다(행 7:55-56). 바울도 거짓된 자들 때문에 교회를 위하여 자신이 셋째 하늘에 이끌려 가서 말로 표현할 수 없는 말을 들었던 것을 증언할 수밖에 없었다

(고후 12:1-6).

모든 성경은 하나님의 감동으로 된 것이다(딤후 3:16). 요한은 자신이 보고 들은 것을 기록하였다(계 1:2, 22:8). 바울도 자신이 전하는 복음이 사람에게서 받은 것도 아니요 배운 것도 아니요 오직 예수 그리스도의 계시로 말미암은 것이라고 밝히고 있다(갈 1:12). 베드로도 예언은 언제든지 사람의 뜻으로 낸 것이 아니요 오직 성령의 감동하심을 받은 사람들이 하나님께 받아 말한 것이라고 말하고 있다(벧후 1:21).

요한이 성령에 감동되어 하늘로 올라가 처음으로 보게 된 것이 보좌 위에 앉으신 하나님이었다(겔 1장 참고). 하나님에 대하여 벽옥과 홍보석 그리고 녹보석 같더라고 밖에 표현할 수 없었다. 성경은 하나님을 반석에 비유하기도 하는데 그것은 하나님이 바위라는 뜻이 아니라 하나님의 성품이 흔들림이 없이 강하고 우리를 든든하게 붙들어 주시는 분임으로 반석 같다는 것이다. 우리 언어로는 커피 향에 대한 표현도 제대로 할 수 없다. 그러므로 지상의 언어로 하나님의 임재에 대하여 더 이상 어떻게 말할 수 없다. 상징은 그것을 생각하는 데 도움을 줄 뿐이다. 즉 들여다 볼 수 있는 창문 역할을 한다.

당시 로마의 핍박을 받고 있던 요한과 교회들에게(현재 고난을 겪고 있는 교회, 장차 환난을 앞에 두고 있는 교회) 하나님이 계신 하늘 보좌는 큰 위로와 용기를 주기에 충분했다. 어떤 상황에서도 교회는 하나님이 살아계심을 확인하면 된다.

이어서 요한은 하나님의 보좌에 둘려 흰 옷을 입고 금관을 쓴 이십사 장로들이 이십사 보좌에 앉아 있는 것을 보게 되었다. 여기서 이십사 장로는 구원받은 성도들의 대표이다(구약 이스라엘의 기초가 되는 12지파와 신약 교회의 기초가 되는 12사도). 그들은 이기는 자에게 약속된 흰 옷을 입고(계 3:5), 충성된 자에게 주어지는 금관을 쓰고 있다(계 2:10, 딤후 4:8). 또한 보좌에 앉아 있다(계 3:21). 이것이 승리한 성도들의 모습이다.

하나님의 보좌 앞에 하나님의 영(성령)이 함께 하고 있다(계 1:4, 3:1, 5:6, 사 11:2). 5장에서 살펴보겠지만 보좌 옆에 어린양(예수 그리스도)이서 계신다(계 5:6). 여기서 우리는 보좌를 중심으로 삼위 하나님이 함께 계심을 보게 된다.

이 보좌 주위에 첫째는 사자 같고 둘째는 송아지 같고 셋째는 사람 같고 넷째는 독수리 같은 네 생물이 있는데 각각 여섯 날개를 가졌고 앞뒤에 눈이 가득하였다. 그들은 밤낮 쉬지 않고 "거룩하다 거룩하다 거룩하다 주 하나님 곧 전능하신 이여 전에도 계셨고 이제도 계시고 장차 오실 이시라(계 1:4)"는 내용의 찬양으로 하나님께 영광과 존귀와 감사를 돌리고 있다(사 6:2-3 참고).

이때 이십사 장로들도 하나님 앞에 엎드려 경배하고 자신의 관을 보좌 앞에 드리며 "우리 주 하나님이여 영광과 존귀와 권능을 받으시는 것이 합당하오니 주께서 만물을 지으신지라 만물이 주의 뜻대로 있었고 또 지으심을 받았나이다"라는 내용의 찬양을 드렸다(창 1:1, 롬 11:36, 히 3:4). 여기서 우리는 천국에서의 예배 모습을 보게 된다. 근심, 걱정, 눈물이 있는 이 땅과 달리 하나님 나라는 찬양만 있는 곳이다. 예배를 번거롭다고 생각하는 사람들은 과연 하나님 나라에서 살 수 있을까.

흔들리는 이 땅을 보지 말고, 견고한 하늘을 보고 살아야 한다. 이 땅의 왕이 아닌 하늘 보좌에 앉으신 이, 즉 살아 계신 하나님께서 자신의 뜻대로 온 땅을 통치하신다. 온 땅에 충만한 하나님의 영광을 보기 바란다.

2. 어린양(5:1-14)

4장이 보좌에 앉으신 이에 대한 찬양과 경배에 대하여 말하고 있다면 5장은 어린양에 대한 찬양과 경배를 말하고 있다. 십자가에 죽으시고 부활, 승천하사 당당하게 영광 가운데 살아 계심을 요한을 통하여 보여주고 있는 것이다.

요한은 보좌에 앉으신 이의 오른 손에 있는 두루마리가 일곱 인으로 봉해져 있는 것을 보았다. 이어서 "누가 그 인을 떼기에 합당하냐"고 외치는 힘 있는 천사의 음성을 들었다. 요한은 두루마리의 내용을 볼 수 있도록 인을 떼기에 합당한 존재가 보이지 않아서 울고 있을 때, 이십사 장로 중 한 사람이 예수 그리스도(유대 지파의 사자 다윗의 뿌리, 창 49:8-10)께서 이기셨음으로 일곱 인을 떼시기에 합당한 자임을 말했다.

요한은 보좌와 네 생물과 이십사 장로들 사이에 서 계신 예수 그리스도(어린양 : 창 3:21〈가죽 옷을 통하여 죄인들이 어떻게 회복될 것인가에 대하여 보여주심, 즉 희생이 따른다는 것임〉, 창 22장〈이삭 대신에 하나님께서 준비하신 어린양을 통해 하나님께서 친히 하나님의 어린양을 준비하실 것을 말씀하심. 여호와 이레〉, 출 12장〈출애굽의 결정적 사건인 장자의 죽음과 관계된 유월절 어린양〉, 사 53장〈고난의 종으로 오실 어린양〉, 요 1:29〈세례 요한이 소개하고 있는 세상 죄를 지고 가는 하나님의 어린양〉)를 보았다. 이 어린양은 십자가에 죽으시고 부활하시고 승천하셔서 승리자로써 하늘과 땅의 모든 권세를 가지시고 성령을 보내셔서 지금도 역사하시는 분이다.

이 어린양이 보좌에 앉으신 이의 오른손에서 두루마리를 취하자 네 생물과 이십사 장로들이 어린양 앞에 엎드려 각각 거문고를 가지고 찬양과 경배를 드렸다. 또한 성도들의 기도가 계속해서 하나님 앞으로 올라간다는 사실이 기도하는 자들에게 큰 도전을 준다(8절, 계 8:3-5, 행 10:2, 4). 찬양 받기에 합당한 이유는 구속, 나라와 제사장을 삼음〈계 1:5-6, 벧전 2:9〉, 왕 노릇 할 것〈계 20:4, 6〉이기 때문이다(9-10절). 구속의 은혜의 영광을 찬송하는 것이 마땅하다. 이것이 우리가 보여야 할 반응이다(히 13:15). 이어서 셀 수 없을 만큼 많은 천사들이 죽임 당하신 어린양께 찬양을 드리고 있다(빌 2:5-11 참고).

또 모든 피조물들이 보좌에 앉으신 이와 어린양에게 찬송과 존귀와 영광과 권능을 세세토록 돌리는 것이 합당함을 말하자 네 생물은 아멘하고, 이십사 장로들은 엎드려 경배했다. 요한이 본 4장과 5장의 내용을 요약하면 다음과 같다. 삼위일체 하나님이 계신 보좌를 중심으로 네 생물, 이십사 장로들 그리고 많은 천사들과 모든 피조물이 합당한 찬양과 경배를 드리고 있다.

성경은 하나님과 하나님의 구원방법인 예수 그리스도에 관한 책이다. 그리스도인들은 하나님께서 창조자가 되시고 우리의 구원자가 되심을 믿는 자들이다. 우리는 하나님과 예수 그리스도께서 영광 가운데 살아 계심을 확인하면 된다. 이 것이 이 땅을 살아가는 그리스도인들에게 큰 위로와 용기를 준다.

세상 나라를(6-18장)

예수 그리스도께서 일곱 교회를 향하여 이기는 자가 되라고 하신 것은 하나님과 예수 그리스도로 말미암아 세상 나라가 멸망당할 것이기 때문이다. 여기서 우리는 멸망의 내용에 관심을 갖기보다 역사의 주관자이신 하나님께 초점을 두어야 한다. 하나님의 진노와 심판에 대한 내용이 6장에서부터 18장까지 기록되어 있다. 내용을 살펴보기에 앞서서 먼저 일곱 인(6-7장)과 일곱 나팔(8-14장) 그리고 일곱 대접(15-18장)으로 구성되어 있음을 기억하기 바란다. 일곱 번째 인에 일곱 나팔이 담겨 있고, 일곱 번째 나팔에 일곱 대접이 담겨 있다. 그러므로 인과 나팔 그리고 대접 심판은 하나인 것이다. 점점 강도가 강해지고, 범위가 넓어진다.(불꽃놀이, 삼단 망원경을 생각하면 도움이 된다) 특히 일곱 인에 대한 내용은 장차 될 일에 대한 중요한 틀을 제시하고 있다.

1. 일곱 인(6-7장)

1) 1-6번째 인(6:1-17)

하늘 보좌에 앉으신 이(계 4:2)의 오른 손에 일곱 인으로 봉한 두루마리가 있고(계 5:1), 그것을 떼기에 합당하신 어린양이 취하자(계 5:7) 네 생물, 이십사 장로, 많은 천사들, 모든 피조물들이 보좌에 앉으신 이와 어린양에게 찬양과 경배를 드렸다. 이제 6장과 7장에서 예수 그리스도께서 심판하시는 권세와 구원하시는 능력이 있음을 보게 될 것이다.

어린양이 두루마리의 일곱 인 중에 하나를 떼실 때, 네 생물 중의 하나가 큰 소리로 "오라"고 외치자 흰 말을 탄 자가 등장을 했다. 네 생물 중의 하나는 3절(둘째 생물)과 5절(셋째 생물) 그리고 7절(넷째 생물)

을 참고하면 네 생물 중의 하나는 첫째 생물인 것을 알 수 있다(계 4:7). 넷째 인까지는 슥 6:1-8과 예수 그리스도께서 지상에 계실 때 하신 말씀(마 24:4-8, 막 13:5-8, 눅 21:8-11)을 보면 본문을 이해하는데 도움이 될 것이다.

요한은 첫째 생물이 외칠 때 등장한 흰 말 탄 자가 활을 가졌고 면류관을 받고 나아가서 이기고 또 이기려고 하는 것을 보게 되었다. 이에 대하여 혹자는 흰 말 탄 자를 계 19:11절에 백마 탄 자(예수 그리스도)로 보기도 한다. 그러나 본문을 보면 어린양이 인을 떼고 있고, 첫째 생물이 외치고, 흰 말 탄 자가 등장하는 것이 동시적으로 연결된 것을 볼 때 흰 말 탄 자를 예수 그리스도로 보는 것은 좀 과하다는 생각이 든다.

공관복음에 나타난 예수 그리스도의 말씀을 통해 흰 말 탄 자는 예수 그리스도를 모방한 자로써 세상과 교회를 계속해서 미혹하는 적그리스도로 볼 수 있다. 또한 8절 끝 부분을 보면 "땅의 짐승들로써 죽이더라"고 했는데 여기서 짐승들이란 계 13장에 등장하는 바다에서 올라오는 짐승(정치세력)과 땅에서 올라오는 짐승(거짓 선지자)으로 볼 수 있다(계 13:7-8, 11-15절을 읽을 것. 계 16:10. 살후 2:9-12). 사람들은 환난을 싫어해서 휴거에 관심이 많다보니까 이단들의 미혹에 빠지기 쉽다.

어린양이 둘째 인을 떼실 때, 둘째 생물이 "오라"고 하자 붉은 말을 탄 자의 등장과 아울러 그가 허락과 큰 칼을 받아 가지고 땅에서 화평을 제하고 서로 죽이게 하는 것을 보게 되었다. 중요한 것은 자기 마음대로가 아닌 허락을 받아가지고 행한다는 것이다. 여기서 붉은 말을 탄 자는 전쟁을 상징한다는 것을 알 수 있다. 인류의 역사는 전쟁사라고 할 수 있을 만큼 내란, 폭동, 전쟁이 이어져 오고 있다. 평화는 유엔이나 군인이 지키는 것이 아니라 하나님께 있는 것이다.

어린양이 셋째 인을 떼실 때, 셋째 생물이 "오라"고 하자 검은 말을 탄자가 등장을 했다. 그의 손에는 저울이 들려져 있었다. 그리고 "한 데나리온(당시 일꾼의 하루 품삯)에 밀 한 되요 한 데나리온에 보리 석되로다"라는 음성이 들렸다. 검은 말을 탄 자는 기근을 상징한다는 것을 알 수 있다. 인을 떼시는 분이 예수 그리스도임을 기억할 때 양식을 주관하시는 분이 주님이라는 사실을 알아야 한다.

어린양이 넷째 인을 떼실 때, 넷째 생물이 "오라"고 하자 청황색 말을 탄자가 등장을 했다. 그의 이름은 사망이고 음부가 그 뒤를 따랐다. 청황색은 시체 색으로 전염병(온역)을 상징한다. 사망권세를 가진 자의 뒤를 지옥권세가 따르게 된다.

정리하고 넘어가면, 말을 탄 자들이 땅 사분의 일의 권세를 가지고 검(붉은 말을 탄 자)과 흉년(검은 말을 탄 자)과 사망(청황색 말을 탄 자)과 땅의 짐승들(흰 말을 탄 자)로써 사람들을 죽이게 될 것이다. 이것들은 구약에서도 하나님이 사람들을 다루는 데 있어서 쓰시던 도구들이었음을 알 수 있다(렘 24:10, 겔 14:21, 33:27). 현재 세계 인구가 약 80억 명인데 이러한 도구들로 인해 약 사분의 일이 죽게 될 것이다.

우리가 겪은 코로나19가 전 세계적이었다는 것을 생각한다면 불가능한 것도 아니다. 지난날 흑사병으로 인해 유럽 인구의 3분의 1일 죽은 것과 두 차례에 걸친 세계 대전 그리고 계속되는 기근 등이 이를 뒷받침해 준다. 인류가 겪는 재난들은 앞으로 점점 더 심해질 것이다. 이런 것 없이 이만큼 살아 온 것에 감사하자.

어린양이 다섯째 인을 떼실 때, 하나님의 말씀과 그들이 가진 증거로 말미암아 죽임 당한 영혼들이 제단 아래에 있는 것을 보게 되었다(계 1:9, 행 4:18-20 참고). 그들이 하나님께 "어느 때에나 땅에 거하는 자들을 심판하여 우리의 피흘림에 대하여 갚아주시겠냐"고 부르짖었다. 이들은 스데반 집사(행 7장), 사도 야고보(행 12장), 믿음의 사람들(히 11:35하-38), 안디바(계 2:13), 손양원, 주기철 등 수많은 순교자들이다. 교회가 고난 속에 있을 때 순수했고, 편안할 때 가장 타락했음을 기억해야 한다.

그들의 신원에 대하여 하나님께서 "흰 두루마기를 주시면서 순교자의 수가 차기까지 잠시 쉬라"고 대답하셨다. 모든 것이 하나님의 때에 반드시 이루어진다(마 5:18). 이들에게는 미리 혼인잔치의 예복을 주셨다(계 19:7-9, 마 22:1-14).

어린양이 여섯째 인을 떼실 때, 순교당한 영혼들의 기도에 대한 응답으로 천체 질서의 혼란과 천재지변이 일어날 것이다. 이미 일본과 중국에서 큰 지진이 일어났으나 이번에 튀르키예〈터키〉에서 발생한 지진은 인류로 하여금 충격에 빠뜨리기에 충분했다. 본문을 이해하는 데 도움을 주는 성경을 찾아보자. 사 13:9-10, 34:4, 욜 2:10-11, 31-32, 3:14-15, 마 24:29-31, 벧후 3:10-13. 노아 홍수때 물로 심판하고 하늘과 땅을 그대로 남겨 두셨다. 그러나 마지막 때는 하늘과 땅까지 모든 것을 새롭게 하실 것이다.

땅에 있는 자들에게 진노의 큰 날(여호와의 날, 주의 날)이 이르게 될 것이다. 여호와의 날은 한번으로 끝나지 않고 반복되어 더 심각해진다. 바벨론 70년, A.D.70년 로마 디도장군에 의한 예루살렘 멸망, 마지막 심판의 날. 그들은 하나님의 심판이 두려울 것이다. 그들은 혼날 일을 했으니 두려운 것이다. 하나님의 진노보다 산과 바위가 자신을 덮어 버렸으면 좋겠다는 것이다(사 2:20-22, 호 10:8, 눅 21:25-36).

죽어도 끝나는 것이 아니라 마지막 심판이 남아 있음을 잊지 말아야 한다(계 20:11-15). 아담과 하와가 하나님의 낯을 피하여 숨은 것처럼 아이들이 혼날 일을 했으면 부모들이 들어올 때 숨지만 그렇지 않으면 기다리다가 기쁨으로 맞이하게 된다. 이 땅에 살아가는 모든 사람은 그 날이 있음을 잊지 말고 살아야 한다. 하나님의 진노와 심판을 알아야 하나님의 사랑의 확증인 십자가의 은혜에 감사하게 된다. 예수 그리스도 안에 있음을 기억하며 매일 그 날을 소망하며 감사하며 살아야 한다.

2) 인침을 받은 자(7:1-17)

이 본문은 6번째 인과 7번째 인 사이에 삽입된 내용이다. 인을 떼시는 분이 누구인가? 어린양이시다. 어린양 되시는 예수 그리스도께서 택한 백성을 구원(보호)하심이 마땅하지 아니한가. 예수 그리스도께서는 심판하는 권세와 구원하는 능력을 가지고 계신다.

계 6:17을 보면 누가 진노의 큰 날에 하나님 앞에 설 것인가? 라는 말로 끝나고 있다. 7장에서 그 답을 말하고 있다. 하나님 앞에 능히 설 자는 하나님의 인침을 받은 자이다. 즉 144,000이다. 이 장은 하나님의 택함을 받은 사람들에 대한 내용이다.

요한이 네 천사가 땅 네 모퉁이에 서서 땅의 사방의 바람이 불지 못하도록 붙잡고 있는 것을 보게 되었다. 네 천사가 붙들고 있는 네 바람은 환난의 바람이다(슥 6:1-5 참고). 이어서 다른 천사가 살아 계신 하나님의 인을 가지고 환난의 바람을 붙들고 있는 네 천사에게 우리가 하나님의 종들의 이마에 인치기까지 해하지 말라고 했다(출 12장의 유월절 어린양의 피, 겔 9:1-6의 가증한 일로 말미암아 탄식하며 우는 자 참고). 요한이 인침을 받은 자의 수를 들으니 이스라엘 자손의 각 지파 중에서 인침을 받은 자들이 십사만 사천이었다. 그에 대한 자세한 내용이 5-8절에 소개되고 있다.

이 일 후에 요한은 열방에서 능히 셀 수 없는 큰 무리가 나오는 것을 보게 되고, 그들이 흰 옷을 입고 손에 종려 가지(승리, 생명, 구원을 상징)를 들고 하나님과 어린양 앞에 서서 구원의 노래를 부르자(10절), 모든 천사가 하나님께 경배하며 화답했다(12절).

이십사 장로 중 하나가 요한에게 "이 흰 옷 입은 자들이 누구며, 어디서 왔느냐"고 묻자 요한은 "당신이 아시나이다"라고 대답했다. 그러자 그가 "이는 큰 환난에서 나오는 자들인데 어린양의 피에 그 옷을 씻어 희게 한 자들"이라고 알려 주었다.

이 144,000에 대하여 유대인으로 보고, 9절 이하에 나오는 능히 셀 수 없는 큰 무리를 이방인으로 보는 견해가 있다. 또한 144,000을 마지막 때 하나님의 종들(증인)로 보고, 능히 셀 수 없는 큰 무리를 하나님의 종들의 사역을 통해 믿을 자들로 보기도 한다. 이단들은 144,000을 자신들이라고 억지를 부린다.

여기서 우리가 생각해 볼 것은, 1) 요한 계시록은 일차적으로 당시 로마의 박해를 받고 있던 아시아 7교회(이들은 이방인)에 위로와 용기를 주기위해 보냈던 것이다. 2) 계 9:4을 볼 때 다섯 번째 나팔 재앙에서 유대인들만 해함을 당하지 않는다는 말인가. 3) 갈 6:16의 하나님의 이스라엘(오직 새로 지으심을 받은 자들)은 유대인을 말하는가. 4) 롬 9:24의 이 그릇〈긍휼의 그릇〉은 우리니 곧 유대인 중에서 뿐 아니라 이방인 중에서도 부르신 자니라. 5) 예수 그리스도의 십자가는 유대인과 이방인을 하나 되게 했다. 6) 144,000은 (12〈전체적인 완전수〉 * 12〈전체적인 완전수〉 * 1,000〈완전한 충만 수〉 = 144,000〈완전한 무리의 종합, 하나님의 완전한 백성의 수〉) 구속받은 모든 자를 뜻한다. 7) 한 명도 잃어버리지 않는 것이 하나님의 뜻이다(요 6:37-40, 44, 65, 10:27-30, 행 13:48).

따라서 144,000은 완전한 구원을 강조하기 위함이며, 이들은 능히 셀 수 없는 큰 무리로 어린양의 피로 구속함을 받은 사람들이다(9-14절). 이들은 구속의 은혜의 영광을 찬송하고 있다. 모든 천사들도 그렇게 하신 하나님께 경배를 드렸다.

이에 대하여 계 14:1-5에서 더 확실하게 말하고 있다. 인(표)은 소유(소속)의 문제이다. 적그리스도도 자기 사람들의 오른손이나 이마에 표를 받게 할 것이다(계 13:16). 반면에 어린양과 함께 시온산에 서 있는 144,000의 이마에는 어린양의 이름과 그 아버지의 이름 쓴 것이 있다. 이들은 땅에서 속량함을 받은 자들로써 새 노래를 부를 것이다. 이들은 예수 그리스도만 사랑하는 사람들이다. 어떤 상황에서도 예수 그리스도만 따르는 자들이다. 예수 그리스도에게 속한 자로써 신실한 자들이다.

이들이 들어갈 거룩한 성 예루살렘은 열두 지파의 12문과 열두 사도의 12기초석으로 이루어진 성이다(계 21:12-14). 계 21:27절에서 말하고 있듯이 어린 양의 생명책에 기록된 자들만(완전한 충만 수

1,000)이 들어갈 것이다. 즉 모든 믿는 자들(땅에서 예수 그리스도의 피로 구속함을 받은 자들)로 채워질 것이다.

그러므로 144,000이 하나님의 보좌 앞에 있고 또 그의 성전에서 밤낮 하나님을 섬기매 보좌에 앉으신 이가 그들 위에 장막을 치시리니 그들이 다시는 주리지도 아니하며 목마르지도 아니하고 해나 아무 뜨거운 기운에 상하지도 아니하리니 이는 보좌 가운데에 계신 어린양이 그들의 목자가 되사 생명수 샘으로 인도하시고 하나님께서 그들의 눈에서 모든 눈물을 씻어 주실 것이라고 말했다(계 21:3-4 참고). 이 소망 때문에 성도들은 이 땅에서의 모진 고난을 참을 수 있는 것이다.

2. 일곱 번째 인과 일곱 나팔(8-14장)

1) 1-4번째 나팔(8:1-13)

6번째 인까지 떼신 후 7장에서 위로와 소망 그리고 용기를 가지고 살게 하신 후에 드디어 어린양이 일곱 번째 인을 떼실 때 폭풍전야와 같이 하늘이 반 시간쯤 고요해졌다. 이 침묵은 사형을 앞둔 사형수에게 있어서의 기다림처럼 긴장감을 불러일으키고, 두려움과 공포를 가지기에 충분하다.

이어서 요한이 일곱 천사가 일곱 나팔을 받게 된 것을 보았다. 6절로 넘어가서 이 천사들이 "나팔 불기를 준비하더라"라고 말해도 문제가 없을 것 같은데 굳이 3-5절을 말하고 있는 것은 나팔 심판이 기도에 대한 응답인 것을 밝히고자 함이다.

다른 천사가 금 향로를 가지고 보좌 앞 금 제단에 드리고자 많은 향을 받았는데 이 향은 성도들의 기도를 말하고 있다(계 5:8). 성도들의 기도가 천사의 손으로부터 하나님 앞으로 올라간다는 사실은 기도하는 우리들에게 많은 위로와 확신과 기대를 가지게 한다(마 18:10, 히 1:14, 단 6:22, 행 10:4 참고). 이어서 천사가 기도를 담았던 향로에다가 제단의 불을 담아가지고 땅에 쏟게 된다. 즉 하나님의 심판이 이 땅에 임하게 된다. 어쩌면 다섯 번째 인에 대한 응답일 수 있다(계 6:10).

이제 나팔 불기를 예비하고 있는 천사들이 드디어 침묵을 깨고 나팔을 불기 시작했다. 인 재앙에서는 1/4 권세가 주어졌다면(계 6:8) 나팔 재앙에서는 1/3 권세가 주어졌다.

첫째 천사에 의해 나팔이 불려 지자 피 섞인 우박(출 9:23-24, 10가지 재앙 중에 7번째 재앙)과 불(소돔과 고모라를 멸망할 때 하늘에서 불이 내려옴)이 땅에 쏟아지매 땅 1/3과 수목의 1/3이 타버리게 되는 것을 보았다.

둘째 천사에 의해 나팔이 불려 지자 불 붙는 큰 산과 같은 것(운석,

행성)이 바다에 떨어지매 바다의 1/3이 피가 되었다(10가지 재앙 중에 첫 번째 재앙). 이 일로 인해 바다 생물의 1/3이 죽고, 배의 1/3이 깨지게 되는 것을 보았다.

셋째 천사에 의해 나팔이 불려 지자 횃불같이 타는 큰 별(쓴 쑥, 우상과 거짓 섬김에 대한 심판. 렘 9:15, 23:15 참고)이 하늘에서 강과 물 샘에 떨어지매 물들이 쓰게 됨을 인하여 사람들이 죽게 되는 것을 보았다(출 15:23, 마라〈물이 써서 먹지 못함〉).

넷째 천사에 의해 나팔이 불려 지자 일월성신 1/3이 빛을 잃게 되는 것을 보게 되었다. 애굽에 내렸던 10가지 재앙 가운데 9번째 흑암 재앙을 생각해 보면 좋겠다(출 10:22, 캄캄함이 삼일 동안 … 태양신에 대한 심판, 하나님은 빛과 어둠의 주관자이시다. 수 10:12-14, 욜 2:10, 눅 21:25-26, 눅 23:44 "때가 제육 시쯤 되어 해가 빛을 잃고 온 땅에 어둠이 임하여 제구 시까지 계속하며"). 하나님께서는 점점 은혜를 거두어 가신다. 인간에게 제공할 의무가 없다. 남은 날 불평 없이 은혜에 감사하며 살아야 한다.

요한은 공중에 날아가는 독수리(마 24:28, 주검이 있는 곳에는 독수리〈재앙을 상징〉들이 모일지니라)가 외치는 소리를 들었다, 그것은 아직 이 땅에 세 천사들이 불어야 할 나팔 소리가 남아 있다는 것이다. 다시 말해 아직 땅에 사는 자들에게 내릴 화 세 개가 남아있다는 것이다(계 6:10, 11:10, 13:8, 17:8 참고).

말세를 살아가는 우리들에게 있어서 필요한 것은 깨어 기도하는 것이다(눅 21:34-36, 벧전 4:1 참고). 즉 말세 성도는 깨어 기도하는 성도이다.

2) 5-6번째 나팔 : 화, 화(9:1-21)

땅에 거하는 자들을 향하여 독수리가 화, 화, 화가 있을 것이라고 크게 외치고 있는데 이는 아직 남아 있는 세 천사가 불 나팔소리를 인함이다. 여기서 우리는 첫 번째 화는 다섯 번째 나팔, 두 번째 화는 여섯 번째 나팔 그리고 세 번째 화는 일곱 번째 나팔을 말하고 있음을 알 수 있다.

첫 번째 화 즉 다섯 번째 천사가 나팔을 불자 하늘에서 땅에 떨어진 별 하나가 있는데 그가 무저갱의 열쇠를 받았다. 별에 대하여 "그가"라고 말하고 있는 것을 볼 때, 별은 인격을 가진 존재로써 계 20:1-3을 참고하면 다름 아닌 천사라는 것을 알 수 있다.

그가 무저갱을 여니 연기가 올라오며 연기 가운데로부터 황충이 땅 위에 나오게 되고, 그들이 전갈의 권세와 같은 권세를 받게 되었다. 무저갱이란 귀신들을 심판 때까지 일시적으로 가두어 두는 감옥으로 바닥이 없는 구멍을 말한다. 이에 대하여 군대 귀신이 예수님께 무저갱이 아닌 돼지 떼에게 들어가게 해 달라고 간구한 사실에서도 확인할 수 있다(눅 8:31).

무저갱에서 올라오는 황충들의 모습에 대하여 7-10절에 자세히 소개하고 있다. 이에 대하여 애굽에 내린 열 가지 재앙 중 8번째 재앙(메뚜기 재앙)과 요엘서에 나오는 메뚜기 떼에 대한 내용(욜 1:4, 2:1-11)을 참고하면 도움이 될 것이다. 그들에게 1-4번째 나팔 재앙과는 달리 오직 이마에 하나님의 인침을 받지 아니한 사람들만 해하라고 했다. 즉 땅에 있는 사람들을 해하되 죽이지는 말고 다섯 달 동안 전갈이 사람을 쏠 때에 괴롭게 함같이 하라는 것이다.

여기서 중요한 것은 모든 주권이 하나님께 있다는 사실이다(욥 1:12, 2:6 참고). 그들에게는 한정된 기간이 주어져 있다. 그들에게 왕(무저갱의 사자)이 있는데 이름이 히브리어로 아바돈, 헬라어로 아볼루온이다. 그 이름의 뜻은 파괴자 다시 말해 지옥의 악신이다.

그들은 하나님의 인침을 받은 자(계 7장 참고)들을 해할 권세가 없다. 땅에서 속량함을 받아 어린양에게 속한 자들인 성도들은 하나님의 은혜를 받은 사실에 대하여 감사해야 한다(엡 1:13-14, 벧전 2:9 참고). 애굽에 내렸던 재앙이 하나님의 백성이 있었던 고센 땅에는 내리지 않았듯이, 죽음의 사자가 어린 양의 피를 넘어가듯이 재앙이 성도들을 피해 갈 것을 말하고 있다.

반면에 하나님의 인침을 받지 않은 자들은 괴로움을 당하게 될 것이다(계 8:13 참고). 그 괴로움은 전갈이 사람을 쏠 때에 괴롭게 함과 같다. 그 괴로움의 정도가 6절에 소개되어 있다. "그날에는 사람들이 죽기를 구하여도 죽지 못하고 죽고 싶으나 죽음이 그들을 피하리로다", 즉 죽고 싶어도 마음대로 죽을 수도 없는 가운데 당하는 정신적인 고통이 얼마나 큰 가에 대하여 말하고 있다. 그들은 이 땅에서 지옥의 고통을 맛보게 될 것이다. 이에 대해 예수님이 하신 말씀이 도움이 될 것이다. "지옥에서는 구더기도 죽지 않고 불도 꺼지지 아니 하느니라 사람마다 불로써 소금 치듯 함을 받으리라"(막 9:48-49). 그래도 그들은 회개치 않을 것이다.

첫째 화 즉 다섯 번째 나팔이 지나갔으나 아직 화 둘이 남아 있다. 그 중에 하나가 여섯 번째 천사가 나팔을 불 때 나타나게 될 내용이다. 여섯 번째 천사가 나팔을 불자 요한은 하나님께서 여섯 번째 나팔을 가진 천사에게 큰 강 유브라데에 결박한 네 천사를 놓아주라는 음성을 듣게 되었다. 그 네 천사가 놓였는데 그들은 그 년 월 일 시에 사람 삼분의 일을 죽이기로 준비된 자들이다. 유브라데는 로마의 오른쪽 경계로써 싸움이 잦은 곳이었다. 이곳에는 앗수르, 바벨론, 페르시아가 있다. 이미 그 날은 하나님께서 정해 놓으셨다. 성경은 언제를 말하지 않고 어떤 일이 일어날 것인지를 지적하고 있을 뿐이다. 이만만(2억, 즉 많은 무리)의 마병대가 준비되었고, 그들의 모습이 17-19절에 소개되고 있다. 불과 연기와 유황이 나온다는 것은 심판을 묘사한 것이다(창 19:24-25, 28〈소돔과 고모라〉, 렘 46:10 참고). 즉 전쟁으로 인한 심판을 말하고 있다. 둘째 인을 뗄 때 전쟁으로 인해 1/4이 죽게 될 것인데, 여섯 번째 나팔이 불리면 1/3이 죽게 될 것이다.

그러나 세상이 이러한 재앙에도 회개치 않고 더 악으로 치닫는 것을 보게 될 것이다. 그러므로 예레미야 선지자는 "만물보다 거짓되고 심히 부패한 것은 마음이라 누가 능히 이를 알리요"(렘 17:9)라고 지적하였다. 주님의 경고에도 불구하고 20-21절에 열거된 죄악상처럼 이 세상은 회개의 자세를 버리고 더욱 더 마음의 문을 닫게 될 것이다. 자비하신 하나님은 당장에 끝내시는 것이 아니라 죄인들에게 회개를 촉구하신다. 그러나 끝까지 회개를 거부하는 자들은 하나님의 최후의 심판을 피할 길이 없을 것이다. 노아 방주의 문을 닫듯이 하나님이 정하신 날에 구원의 문은 닫혀 질 것이다.

"보라 지금은 은혜 받을 만한 때요 보라 지금은 구원의 날이로다"(고후 6:2). 교회는 구원의 문이 아직 열려 있을 때 회개를 촉구하는 복음을 전해야 한다.

3) 작은 두루마리(10:1-11)

9장에 이어서 계 11:14 그리고 계 11:15절로 넘어가는 것이 자연스러운데 여섯 번째 인과 일곱 번째 인 사이에 7장 내용이 삽입된 것처럼 여섯 번째 나팔과 일곱 번째 나팔 사이에 작은 두루마리와 두 증인에 대한 것을 삽입하고 있다. 이 부분에서 인 재앙과 여섯 번째 나팔 재앙까지 많은 사람이 죽었음에도 회개치 않는 자들에게 마지막 나팔이 불리기 전 구원의 마지막 기회를 주는 내용을 다루고 있다.

요한이 이번에는 구름을 입고, 그 머리 위에 무지개가 있고, 그 얼굴은 해 같고, 그 발은 불기둥 같은 힘센 다른 천사가 하늘에서 내려와서 오른 발은 바다를 밟고, 왼발은 땅을 밟고 서 있는 모습을 보게 되었다. 이 힘센 다른 천사의 모습이 계 1:13이하에 나오는 인자의 모습과 비슷하다고 하는 것과 창 18장 이하에 나오는 세 천사 가운데 하나가 예수 그리스도라고 하는 주장을 들어서 분문에 나오는 천사를 예수 그리스도로 보기도 한다.

그러나 말씀 그대로 힘센 다른 천사로 보는 것이 타당하다. 5절과 8절에서도 바다와 땅을 밟고 서 있는 천사라고 말할 뿐만 아니라 그에 대한 경배의 모습도 없고, 하나님을 향하여 맹세하는 모습을 보면 더 확실해 진다(창 22:16, 히 6:13 참고).

이 천사가 손에 들고 있는 것이 있는데 그것은 "펴 놓인 작은 두루마리"다. 이 하나님의 말씀은 천사가 땅과 바다를 밟고 있듯이 전 세계 사람들이 들어야 할 말씀이다. 천사가 사자의 부르짖음과 같은 큰 소리로 외칠 때 일곱 우레가 그 소리를 내어 말하자 요한이 기록하려고 하는데 하늘에서 소리가 나서 인봉하고 기록하지 말라고 했다. 우리는 그 내용을 알 수가 없다. 궁금해 해서도 안 된다. 성경은 일반 역사책, 수학책, 컴퓨터 책도 아니고, 우리가 하나님을 알고 예수 그리스도를 믿어 구원 얻고, 성도로써 살아가는 데 꼭 필요한 것만 기록한 것이다. 바울도 셋째 하늘에 이끌려 가서 보고 들었으나 알리지 않았다(고후 12:4, 6). 다니엘에게도 봉함하라고 하셨다(단 12:4-9). 칼빈은 성경이 가는데 까지 가고 멈추는 데서 멈추라고 하였다(벧후 1:20, 3:16-17).

작은 두루마리를 들고 있는 힘 센 천사가 이번에는 하늘을 향하여 오른 손을 들고 우리가 맹세할 때처럼 맹세를 했다. 세세토록 살아 계신 창조자 하나님을 향하여 맹세하고 있다. 천사가 선언하는 내용은 "지체하지 아니하리니 일곱째 천사가 소리 내는 날 그 나팔을 불게 될 때에 하나님의 비밀이 그 종 선지자들에게 전하신 복음과 같이 이루어지리라"는 것이었다. 이 말씀은 계 11:15절 이하로 이어지고, 이어서 15:1절로 연결된다. 반드시 모든 것이 하나님의 말씀대로 이루어진다(마 5:18, 계 22:18-19 참고).

요한에게 말하던 그 음성(4절 이하)이 이번에는 "가서 바다와 땅을 밟고 서 있는 천사의 손에 펴 놓인 두루마리를 가지라"고 했다. 말씀대로 천사에게 작은 두루마리를 달라고 하자 천사가 "갖다 먹어 버리라 네 배에서는 쓰나 네 입에는 꿀같이 달리라"고 말했다(시 19:10 참고).

네 배에서는 쓰다는 의미는 말씀대로 순종하는 것이 어렵다는 것과 전해야 되는 내용이 재앙이라는 것이다. 작은 두루마리를 갖다 먹으라고 말한 천사가 또다시 "네가 많은 백성과 나라와 방언과 임금에게 다시 예언하여야 하리라"고 말했다. 즉 먹었으면 전하라는 것이다. 에스겔 선지자도 동일한 체험을 했다(겔 2:8-3:11 참고). 여기서 이 작은 두루마리가 요한계시록임을 알 수 있다(계 1:3, 22:7, 22:18-19). 교회가 전할 메시지는 장차 세상 나라가 그리스도의 나라가 될 것이기에 회개하고 예수 그리스도를 믿고 구원을 받으라는 것이다.

4) 두 증인(11:1-14)

6번째 나팔과 7번째 나팔 사이에 있는 막간(삽입)의 두 번째 부분을 살펴보자. 작은 두루마리에 이어서 갈대 지팡이를 주면서 성전 안에서 하나님을 경배하는 자들을 측량하되 바깥마당은 그냥 두라고 했다. 그 이유는 이방인들에게 마흔두 달 동안 맡겼다는 것이다. 그 기간 동안 이방인들이 날뛸 것이며 성전에서부터 심판이 시작될 것이다(겔 9:3-11, 눅 21:20-24 참고). 그러나 꺼져가는 심지도 끄지 않으시고 상한 갈대도 꺾지 않으시는 하나님께서 끝까지 자신을 경배하는 자들을 붙드실 것이다. 외적인 건물을 꾸미지 말고 마음의 성전을 꾸며야 한다.

이 기간 동안(마흔두 달, 1260일) 주님으로부터 권세를 받은 두 증인(굵은 베 옷을 입음, 슬픔의 상징, 구약의 선지자들은 모든 방법을 동원하여 회개를 외침)이 회개하고 복음을 믿으라고 외칠 것이다. 그들은 이 땅의 주 앞에 서 있는 두 감람나무와 두 촛대라고 말하고 있다.

두 감람나무는 슥 4:14에서 보듯이 기름부음 받은 자 둘이다(여호수아와 스룹바벨). 두 촛대는 계 1:20에서 보듯이 교회를 말한다. 확장하면 신실한 두 교회인 서머나와 빌라델비아 교회를 말한다고 볼 수 있다. 또한 본문 10절에 보면 두 선지자로 표현하고 있다. 예수님께서도 제자들을 파송할 때 2명씩 보냈다.

이들이 받은 권세는 그들을 해하고자 하는 자들은 죽임을 당할 것이라는 것이다(고라당이 모세를 대적할 때와 바알과 아세라 선지자들이 엘리야를 대적할 때 죽은 것처럼). 또한 모세와 엘리야처럼 권능을 가지고 사역을 할 것이다(엘리야가 기도하자 3년 6개월 동안 비가오지 않고 다시 기도하자 비가 오게 되었다. 모세는 애굽에 10가지 재앙을 행했다. 마 17장에 보면 예수님께서 제자 3명과 함께 높은 산에 올라가서 재림의 영광스러운 모습을 보여 주셨을 때 모세와 엘리야도 함께 했다. 모세는 율법의 대표로서 엘리야는 선지자의 대표로서 예수님의 초림을 증거 했던 자들이다. 이들이 두 증인으로 예수님과 함께 등장했다). 즉 예수님의 재림 전에도 모세와 엘리야의 역할을 할 두 명의 증인이 나타나게 될 것이다.

이들은 정해진 사역기간(마흔두 달)이 끝나면 죽임을 당하게 될 마지막 순교자들이다. 저희가 증거를 마칠 때에 무저갱(심연)에서 나온 짐승이 저들을 이기고 죽이게 될 것이다(계 13:1-10 참고). 그리고 그들의 시체는 큰 성 길에 있게 될 것이다. 그런데 "이 성을 영적으로 하면 소돔이라고도 하고 애굽이라고도 하니 곧 저희 주께서 십자가에 못 박히신 곳"이라고 말하고 있다. 영적으로(상징적으로) 하면 하나님을 대적한 곳인 소돔과도 같고(사 1:10, 렘 23:14 참고), 하나님의 백성들을 괴롭힌 애굽과도 같은 예루살렘에서 예수님께서 죽으셨다. 즉 예수님께서 로마의 박해와 유대인들의 반역이 있는 곳에서 죽으셨던 것이다. 이처럼 두 증인도 사람들을 구원의 길로 인도하다가 예수님처럼 죽음을 당하게 될 것이다.

세상은 두 증인의 시체를 사흘반 동안 목도하고 무덤에 장사하지 못하게 하며, 도리어 즐거워하고 기뻐하여 예물을 보내게 될 것이다. 그 이유는 표적을 통하여(비가 오지 않음, 물이 피가 됨) 괴로움을 당하였기 때문에 자신들에게 괴로움을 준 자들이 죽었으니까 얼마나 기뻐서 날 뛰겠는가. 세상은 교회를 싫어하게 되어 있다. 왜냐하면 회개하고 하나님의 의인 예수 그리스도를 믿고 구원을 받으라고 하니까. 이에 대하여 예수님께서도 요 15:18-19에서 "세상이 너희를 미워하면 너희보다 먼저 나를 미워한 줄을 알라 너희가 세상에 속하였으면 세상이 자기의 것을 사랑할 것이나 너희는 세상에 속한 자가 아니요 도리어 내가 너희를 세상에서 택하였기 때문에 세상이 너희를 미워하느니라"라고 말씀하셨다. 교회의 역할은 어둠속의 빛이다. 혼합이 아닌 개혁이다. 교회가 역할을 감당하면 즉 성도가 성도답게 살면 세상은 불편해 할 것이다.

1년을 바라보면 농사를 짓고, 10년을 바라보면 나무를 심고, 100년을 바라보면 사람을 키우고, 영생을 바라보면 예수 그리스도를 믿어야 한다는 말이 있다. 예수 그리스도를 믿고 전하는 것은 이 땅에서 먹고 마심을 위한 것이 아닌 영원한 생명의 문제이다. 교회는 두 증인과 같이 복음전파의 사명을 감당해야 한다.

다 끝난 것 같았으나 하나님께서 예수님을 다시 살리신 것처럼 저들을 다시 살리심으로 저들의 죽음을 좋아하던 사람들이 다 크게 두려워하게 될 것이다. 하나님께서 그들을 부르자 그들이 하늘로 올라가게 될 것이다(모세가 죽어서 하늘에 올라간 것처럼, 엘리야가 살아서 하늘에 올라간 것처럼). 그때에 큰 지진으로 인해 사람들이 죽게 되고, 그 남은 자들이 하나님께 영광을 돌리게 될 것이다. 이렇게 둘째 화가 지나가고 셋째 화가 임하게 된다. 즉 마지막 나팔이 울려 퍼지게 될 것이다.

5) 일곱 번째 나팔 : 화(11:15-19)

세 번째 화인 일곱 번째 나팔이 불려 지자 하늘에서 큰 음성이 나서 세상 나라가 그리스도의 나라가 될 것을 말했다. 하나님 나라가 하나님 아버지의 뜻이며, 예수 그리스도의 비전이며, 교회가 존재하는 목적이다. 이에 이십사 장로가 하나님께 경배하며 감사하게 되고, 이방들은 분노하지만 주의 이름을 경외하는 자들에게 상 주시며 또 땅을 망하게 하는 자들을 멸망시키는 것이 마땅함을 밝히고 있다. 이에 하늘 성전이 열리고 언약궤가 보이며, 또 번개와 음성들과 우레와 지진과 큰 우박이 있게 된다(계 8:3-5 참고). 언약궤를 보여주심은 언약대로 반드시 이루실 것을 말하고 있는 것이다. 즉 사탄을 따르는 세상의 멸망과 예수 그리스도를 따르는 교회의 승리를 보여주시는 것이다.

이러한 사실은 예수를 믿는다는 이유로 핍박을 받고 있던 당시 교회들에게 용기를 주는 말씀이었다. 바로 이 확실한 소망 때문에 믿음의 선진들이 헐벗고, 매 맞고, 죽을 수 있었던 것이다. 결론을 보기에 고난 속에서도 감사할 수 있는 것이다. 우리가 믿는다는 것은 예수 그리스도의 구속을 믿고 예수 그리스도의 재림에 따른 부활을 소망한다는 것이다. 그렇다면 성도로써 세상에 대한 욕심은 커지고, 부활에 대한 소망은 희미해지고 있지는 않는지 자신을 돌아봐야 할 것이다.

다시 한 번 계 10:7과 계 11:15 그리고 계 15:1을 연결해서 보기 바란다. 앞으로 살펴볼 계 12-14장은 일곱 번째 나팔이 불려 짐으로 인해 준비된 일곱 대접이 부어지기 전, 이 모든 것은 하나님의 언약대로 성취되는 것임을 말하고 있다.

6) 교회와 용의 싸움(12:1-17)

하늘에 한 이적이 보이는데 한 여자가 아이를 배어 해산하게 되매 부르짖는 모습이다. 예수님께서는 창 3:15의 약속대로 여자의 후손으로 즉, 육신으로 아브라함과 다윗의 자손으로 오셨다. 따라서 여자는 이 계보에 속한 믿음의 사람들, 다시 말해 신앙공동체인 교회를 뜻한다(사 66:7-9, 미 5:2-4, 행 7:37 참고).

하늘에 또 다른 이적이 보이는데 7두 10각을 가진 한 큰 붉은 용이 해산하는 여자 앞에서 그 여자가 해산하기만 하면 그 아이를 삼

키려고 하는 모습이다. 아이가 태어났는데 이는 예수 그리스도이시다(시 2:9, 계 2:26-27, 19:15 참고). 사탄이 예수를 죽이려고 하였지만 구속을 완성하시고 하늘 보좌 우편에 앉으셨다. 실패한 용(사탄)이 교회를 핍박하지만 하나님께서 정해진 기간 동안 교회를 양육하기 위하여 예비하신 곳이 있다. 다시 말하면 하나님이 교회(하나님 백성)를 보호하신다.

하늘에서 미가엘과 그의 사자들 대 용과 그의 사자들이 싸우지만 용과 그의 사자들이 패하게 되고 결국 땅으로 내어 쫓기게 되었다. 이 용은 옛 뱀, 곧 마귀(신약, 성도를 유혹함)라고도 하고 사탄(구약, 하나님을 대적함)이라고도 하며 온 천하를 꾀는 자, 참소하던 자다(창 3장, 욥 1장, 마 4장, 요일 2:15-16 참고). 성도들도 어린양의 피와 말씀으로써 사탄을 이겼다. 그러므로 성도들은 즐거워해야 되지만 땅에 있는 자들에게는 화가 있을 것이다. 왜냐하면 마귀가 자기 때가 얼마 남지 않은 줄 알므로 크게 분 내어 땅으로 내려왔기 때문이다.

땅으로 쫓겨난 사탄이 이제 본격적으로 남자를 낳은 여자(교회, 신앙공동체)를 핍박하지만 교회를 하나님께서 보호하고 양육하신다. 교회는 어려움을 겪고 고통을 당한다 할지라도 결국 승리하게 되어 있다(아달랴와 여호야다, 하만과 에스더 참고). 사탄이 안 되겠으니까 교회와 싸우기 위하여 전쟁을 선포하지만 예수 그리스도에게 패하고, 하늘에서도 패한 사탄은 땅에서도 패할 것이다. 이것이 계시록 13-14장의 내용이다. 결국, 무저갱(계 20:1-3)에 갇히고, 불 못(20:10)에 던져지게 될 것이다. 이것이 사탄의 운명이다.

사탄은 예수 그리스도의 재림 전까지 교회를 핍박한다. 사탄은 패배를 알면서도 끝까지 집요하게 교회(성도)를 쉬지 않고 공격한다. 사탄은 휴전이 없고, 치밀하고, 영악하다. 이러한 사실을 안다면 끊을 수 없는 하나님의 사랑을 확신하고(롬 8:31-39), 하나님의 전신갑주를 취하되 말씀과 기도에 힘씀으로 승리해야 한다.

7) 두 짐승(13:1-18)

두 짐승(바다에서 올라오는 짐승, 땅에서 올라오는 짐승)은 용의 하수인들이다. 바다에서 올라오는 짐승은 정치세력으로, 땅에서 올라오는 짐승은 거짓 선지자(거짓 종교세력)로 보면 된다(계 17:8-11, 10:20 참고).

바다에서 올라오는 짐승은 머리가 일곱에 신성 모독하는 이름들이 있고, 뿔이 열개에 왕관들이 있을 뿐 아니라 표범과 비슷한데 발은 곰의 발, 입은 사자의 입을 하고 있었다. 용이 이 짐승에게 자기의 능력과 보좌와 큰 권세를 주게 될 것이다.

단 7장에 보면 큰 짐승 넷이 바다에서 올라오는데 이들은 세상에 일어날 왕이며 나라이다(단 7:17, 23). 이들은 하나님 백성을 핍박하거나 괴롭혔던 나라들이다. 마지막 때에 이 모든 것을 합쳐 놓은 것 같은 왕(나라)이 등장할 것이다. 즉 적그리스도가 세상을 다스리게 될 것이다(단 9:27, 마 24:15, 살후 2:1-12 참고).

짐승의 머리 하나가 죽게 되었다가 나으매 사람들이 놀랍게 여겨 용과 짐승을 경배할 것이며 짐승은 마흔 두 달(1,260일, 한 때 두 때 반 때) 동안 일할 권세를 받아 하나님을 비방하며, 성도들과 싸워 이기게 되고, 온 세상을 다스리게 될 것이다. 이러한 상황에서 어린양의 생명책에 이름이 기록되지 않은 사람들은 짐승에게 경배하게 될 것이다. 그러나 성도들이 짐승에게 경배하지 않는 것은 결국 짐승은 패하고 하나님 나라가 완성될 것을 믿기 때문이다. 그러므로 성도들은 믿음을 가지고 인내해야 한다(계 14:12 참고).

땅에서 올라오는 짐승이 사람들을 바다에서 올라온 짐승에게 경배하게 하고, 큰 이적을 행하여 미혹하며 짐승을 위하여 우상을 만들게 할 것이다. 그리고 짐승의 우상에게 경배하지 않는 자들은 다 죽일 것이며 오른 손이나 이마에 짐승의 표를 받지 않는 사람은 매매를 못하게 될 것이다.

이러한 상황을 맞이할 때 다니엘의 세 친구와 같은 태도를 취해야 한다(단 3:17-18 참고). 또한 말세가 되면 짐승이 경제(돈)를 가지고 세상을 다스릴 것이다. 그때 성도들은 인생의 주인이 물질이 아닌 하나님임을 기억해야 한다(서머나 교회, 마 6:24, 딤전 6:10, 히 13:5 참고).

역사를 보면 "정치세력 + 거짓 종교세력 = 핍박"이라는 공식을 발견하게 된다. 세상은 하나의 정치세력과 하나의 종교 세력으로 흘러

가고 있으며 결국 이 둘이 결탁하여 세상을 미혹하며 신실한 하나님의 백성들을 핍박하게 될 것이다. 이것이 하나님을 대적하는 총체적인 세력인 바벨론이다. 이 두 짐승이 갈 곳은 결국 불 못이며(계 19:20), 이들을 사주한 사탄이 갈 곳도 역시 불 못이다(계 20:10). 그러므로 그들의 결국을 보고 예수 그리스도를 믿음으로 이 땅에서 승리해야 한다.

8) 땅에서 속량함을 받은 사람들(14:1-5)

어린양과 함께 시온 산에 서 있는 144,000의 이마에는 짐승의 표가 아닌 어린양과 아버지의 이름이 있다. 여기서 시온 산은 하늘에 있는 것이다(시 2:6, 갈 4:21-28, 히 12:22-23 참고. "약속을 따라 났고〈사라-이삭-자녀-오직 위에 있는 예루살렘〉, 육체를 따라 났고〈하갈 - 이스마엘 - 종 - 시내산〉", "율법이 주어진 시내산 / 은혜가 주어진 시온산, 흔들리는 나라가 아닌 흔들리지 않는 나라를 받음").

땅과 하늘의 구조를 가지고 봐야 한다. 땅에 속한 자들은 짐승에게 경배하지만 하늘에 속한 자들은 하나님께 경배한다. 거듭난 성도들만 하나님 앞에서 새 노래를 부르게 될 것이다(시 33:1, 계 7:10, 히 13:15 참고).

이들은 땅에서 속량함을 받은 144,000으로 7장에서 말하는 하나님의 인침을 받은 자, 짐승의 우상에게 숭배를 하지 않은 순결한 자,

어떠한 상황에서도 어린 양의 인도를 따라가는 자(시 23편, 요 10장 참고), 속량함을 받아 처음 익은 열매로 하나님과 어린양에게 속한 자(첫 열매는 하나님의 소유, 약 1:18, 엡 1:4-6 참고), 즉 그 입에 거짓말이 없고 흠이 없는 자들이다. 한마디로 이단들이 주장하는 144,000에 속한 자들이 아니라 예수 그리스도에게 속한 자들이다.

9) 세 천사가 전하는 말(14:6-13)

영원한 복음을 가진 첫 번째 천사가 하나님을 경배하지 않는 자들에게 경고하고 있다. 하나님의 심판의 시간이 이르렀으니 회개하고 하나님을 믿고 경배하라는 것이다. 앞에서 살펴본 작은 두루마리와 두 증인의 마지막 복음 전파의 사명을 생각하라.

노아 방주(모세의 갈대상자와 같은 의미, 그것에 바른 역청은 몸값, 속전을 의미함)의 문이 닫히기 전, 마지막 나팔이 불리기 전에 교회는 세상을 향한 복음 전파의 사명을 감당해야 한다(고후 6:2 참고). 롯의 사위들처럼 농담으로 생각하면 안 된다. 하나님은 농담하지 않으시고 말씀하신 것을 반드시 실행하시는 분이시다.

이어서 두 번째 천사가 큰 성 바벨론의 무너짐을 선포하고 있다. 요한 당시 바벨론은 로마로 볼 수 있다(벧전 5:13 참고). 계 6장에 나오는 순교자들의 신원에 대한 응답이기도 하다. 두 번이나 "무너졌도다"라고 과거 시제를 쓰는 것은 확정된 미래를 말하는 것이다. 계 17장에서 큰 음녀, 큰 성, 큰 바벨론으로 표현되고 있는 바벨론의 운명은 확정되었는데 그것은 멸망이다(계 16:19 참고). 계시록은 병렬 구조로 같은 내용을 반복해서 말하고 있다는 것을 알면 도움이 될 것이다.

세 번째 천사가 짐승과 그의 우상에게 경배하고 그의 표를 받으면 천사들과 어린양 앞에서 진노를 받을 것을 외치고 있다(계 18:4 참고). 영원한 복음을 믿지 않으면 영원한 고통을 받게 될 것이다. 성도들은 모든 것의 결론을 알기에 인내하며, 주 안에서 죽는 것을 복되게 생각한다(시 116:15, 딤후 4:7, 히 4:10-11 참고).

성경은 공부, 물질, 명예, 권력, 건강 등을 소유한 자들을 복되다고 하지 않고 "주 안에" 있는 자들을 복되다고 말하고 있다. 인간은 모두 이 땅에서 죽는 날까지 수고하게 되어 있다. 이 땅에서의 수고가 끝날 때 영원한 고통이 아닌 예수 그리스도 안에서 영원한 쉼을 누리는 자가 되어야 한다(히 11:6, 11:26, 빌 3:14, 계 22:12 참고). 그러므로 히브리서 기자는 안식에 들어가기를 힘쓰라고 권면하고 있다(히 4:10-11).

10) 마지막 추수(14:14-20)

예수 그리스도께서 낫을 휘둘러 곡식을 거두신다. 불을 가진 천사가 낫을 휘둘러 포도송이를 거둔다. 여기서의 공통점은 다 익었다는 것이다(창 6:5, 18:20 참고). 즉 곡식도 다 익고, 포도도 다 익었다는 것은 추수 때가 되었다는 것이다. 예수님께서는 추수 때까지 기다리신다(마 13:24-30, 36-43 참고).

예수님께서 알곡은 모아 곳간에 들이시고(마 3:12 참고), 포도송이는 거두어 하나님의 진노의 큰 포도주 틀에 던지고 밟으실 것이다(시 2편, 계 19:15-16 참고). 그들이 예수님께 행한 대로 그대로 갚아주실 것이다. 피가 말굴레의 높이로 천육백 스다디온(1스다디온은 약 192미터), 즉 약 310킬로미터에 퍼질 것이다. 하나님의 진노와 심판은 두려운 것이다(계 6:15-17 참고).

당신은 곡식인가? 포도송이인가? 이러한 사실을 믿는다면 복음을 전하지 않을 수 없게 된다. 마지막 날 예수 그리스도에 의해 거두어지는 알곡이 되기를 바란다.

3. 일곱 번째 나팔과 일곱 대접(15-18장)

본문에 들어가기 전에, 다시 한 번 계 10:7과 계 11:15 그리고 계 15:1을 연결해서 보면 좋을 것 같다. 또 한 가지는 계 8:1-2에서 일곱 번째 인을 뗄 때 일곱 나팔이 준비되었듯이, 계 11:15에서 일곱 번째 나팔을 불 때 계 15:1에서 마지막 재앙인 일곱 대접이 준비되었다는 것이다.

구원할 자 구원하시고, 심판할 자 심판하시는 하나님의 의로우심을 찬양하고, 준비된 대접을 땅에 쏟음으로 하나님의 진노가 마무리되고 하나님을 대적하는 총체적 세력인 큰 성 바벨론이 멸망을 받게 될 것이다. 계 17-18장에서는 이 바벨론의 정체와 멸망을 좀 더 자세히 다루고 있다.

1) 하나님의 의로우심 찬양(15:1-4)

승리한 자들이 불이 섞인 유리 바다가에 서서 모세의 노래, 어린양의 노래를 부르면서 자신들을 구원하시고 세상을 심판하시는 하나님의 의로우심을 찬양하고 있다. 이 장면은 출 15장에서 가져 온 것이다. 하나님 백성을 물에서 구원하시고 애굽을 물로 심판하시는 하나님을 찬양했던 모세의 노래를 떠올리게 한다. 이와 같이 어린양의 피로 구원받은 성도들이 구속의 은혜의 영광을 찬양함이 마땅하다. 죄인을 구원하신 주님의 은혜를 안다면 찬양을 드리지 않을 수 없다. "나 같은 죄인 살리신 주 은혜 놀라워 ~".

마지막 나팔이 불려지고, 마지막 심판인 대접을 쏟기 전 예수 그리스도를 믿고 죽은 자들은 부활할 것이고, 살아 있는 자들은 변화되어 재림하시는 주님을 맞이하기 위해 공중으로 올라가게 될 것이다(마 24:30-31, 고전 15:51-52, 살전 4:15-15). 이때 하늘에 속한 자와 땅에 속한 자가 나뉘게 될 것이다. 영접(아판테시스)이란 단어는 마 25:6과 행 28:15 그리고 살전 4:17에 3번 나온다. 귀한 방문자, 새 통치자의 승리의 입성이 있을 때 맞이하러 나가는 것을 의미한다.

2) 일곱 대접 준비(15:5-8)

하늘의 성전이 열리며(계 11:19 참고), 성전으로부터 나온 일곱 천사가 하나님의 진노를 담은 일곱 대접을 받음으로 인해 성전에 연기가 가득하게 되었다. 심판은 하나님의 허락에 의해서 이루어지기에 하나님의 진노이고, 그대로 이루어질 것이고, 그것을 통하여 영광을 받으실 것이다. 예수님께서 구속을 완성하시고 "다 이루었다"고 하심과 같이 성전 보좌로부터 큰 음성이 나서 "되었다"고 하시니 바벨론이 완전히 멸망하게 될 것이다(계 16:17-18).

3) 일곱 대접 재앙(16:1-21)

구원받은 자들이 하나님의 심판에 대한 의로움을 찬양하는 것(계 15:1-4)과 달리 멸망 받을 자들은 하나님을 비방하는 것을 보게 된다(계 16:9, 11, 21). 준비된 일곱 대접이 땅(세상)에 쏟아지는 내용을 이해함에 있어서 일곱 나팔 재앙(순서가 같음)과 애굽에 내렸던 10가지 재앙을 참고하여 생각하면 도움이 될 것이다.

첫째 천사가 대접을 땅에 쏟자 짐승의 우상에게 경배하고 표를 받은 사람들에게 악하고 독한 종기가 나게 된다. 애굽에 내렸던 6번째 재앙(출 9:11) 과 하나님께서 블레셋 사람들을 치신 사건(삼상 5장)을 참고해 보면 좋을 것이다.

유럽의 1/3을 죽음으로 몰고 간 페스트와 같은 질병들이 계속해서 발생하고 있지만 그에 따른 치료제 개발이 따라가지 못하고 있다. 앞으로 코로나 19와 같은 팬데믹 상황이 온다면 막을 수 있을까? 라는 질문에 대한 답은 부정적이다.

둘째 천사가 대접을 바다에 쏟자 바다가 피같이 되고 모든 생물이 죽게 된다. 애굽에 내렸던 10가지 재앙 중 1번째 재앙과 같다. 지구의 온도가 올라가고 점차 사막화가 되고, 빙하가 녹고 있고, 바다가 뜨거워짐으로 기후에 변화들이 일어남으로 적조현상(바다가 붉게 변하는 현상), 라니냐(해수면 온도가 낮음), 엘리뇨(해수면 온도가 높음) 등을 경험하고 있다. 깨끗한 지구를 꿈꾸고 있으나 이미 저질러진 것은 어떻게 할 수가 없다. 인간의 욕망이 바다를 죽음으로 몰아가고 있다.

셋째 천사가 대접을 강과 물 근원에 쏟자 물을 차지한 천사가 하나님의 심판이 합당함을 말하자 제단의 영혼들이 심판의 의로움에 대하여 화답하고 있다(계 6:9-11, 성도들의 피를 흘렸으므로 그들에게 피를 마시게 함이 마땅함. 스데반, 야고보). 만약에 물과 땅의 비율이 바뀌어져 있다면 뜨거워서 못살 것이다. 단지 하나님께서 물과 땅의 비율을 7:3으로 창조하심이 놀라울 뿐이다(인체도 이 비율이다). 우리나라도 물 부족 국가임을 잊지 말아야 한다. 지하수도 말라가고, 즉 먹을 수 있는 물이 점점 줄어들고 있다. 정수기를 설치하고, 생수를 사 먹고 있다.

넷째 천사가 대접을 해에게 쏟자 해가 불로 사람들을 태우나 이것을 본 사람들은 회개치 않고 도리어 하나님을 비방하게 된다. 해를 만드신 하나님께서 은혜를 거두어 가신다. 이러한 일은 만화책에나 나올 것 같으나 가능성 있는 미래적인 일임을 알 수 있다. 태양은 영원한 태양이 아니고, 유한한 물질이 타고 있는 것이다. 인간의 욕심으로 오존층이 파괴되어 하늘에 구멍이 나서 나쁜 빛을 거르지 못하고 있는 상황이다. 자외선지수가 높아지면 위험하기 때문에 30분 이상 피부를 노출시키지 말라고 한다.

다섯째 천사가 대접을 짐승의 왕좌에 쏟자 세상 나라가 어두워지며 죽을 정도로 아파하면서도 회개치 않고 하나님을 비방하게 된다. 애굽에 내린 10번째 재앙 중 9번째 흑암재앙과 같다(4번째 나팔 재앙 참고). 1년 중 1/2이 캄캄한 남극을 생각하면 도움이 된다. 적그리스도가 다스리는 나라에 어둠의 재앙이 임하고 사람들이 아파서 자기 혀를 깨물고 아픈 것과 종기로 고통을 당하지만 그들은 회개보다도 하나님을 비방하게 된다.

여섯째 천사가 대접을 큰 강 유브라데에 쏟자 개구리(개구리는 어두우면 운다. 추악하고 더러움의 상징) 같은 세 더러운 영(귀신의 영 : 용의 입〈요 8:44, 계 12:10〉, 짐승의 입〈계 13:6〉, 거짓 선지자의 입〈계 13:11〉)이 큰 날에 있을 전쟁을 위하여 왕들을 미혹하여 아마겟돈(므깃도〈전쟁, 살상을 상징하는 곳〉)이란 곳으로 모으게 될 것이다. 과학이 아무리 발달해도 거짓 영의 장난에 놀아나게 된다. 전쟁이나 폭동도 사람이 하는 것이 아니라 악령들의 장난이라는 사실을 생각해야 한다(계시록에 나오는 전쟁 4가지 : 2번째 인〈붉은 말 탄 자 : 전쟁, 1/4이 죽음〉, 6번째 나팔〈1/3이 죽음〉, 6번째 대접〈아마겟돈〉, 곡과 마곡〈계 20:7-10〉).

대조적으로 예수 그리스도의 신부인 교회의 복됨을 말하고 있다(15절, 계시록에 나오는 7번의 복〈1:3, 14:13, 16:15, 19:9, 20:6, 22:7, 22:14〉). 밍크 옷을 입고 하나님 앞에 설 수 없다. 하나님의 의인 예수 그리스도의 보혈로 씻은 의의 옷을 입고 선한 싸움을 하는 자가 되어야 한다(계 19:8, 벧후 3:10-12상 참고). 예수 그리스도 안에서 방향성 있는 삶을 살아야 나중에 후회함이 없을 것이다. 믿음은 하나님을 아는 것이고, 알고 있는 하나님의 뜻에 순종하는 것이다. 그러므로 항상 깨어 주님 만남을 준비하는 복된 자들이 되어야 한다.

일곱 번째 천사가 대접을 공중에 쏟자 성전 보좌로부터 큰 음성이 나서 "되었다"고 하신다. 이것으로 하나님의 진노가 마치게 된다. 큰 지진으로 말미암아 큰 성 바벨론이 멸망당할 것이다(계 14:8 참고). 지금도 점점 지진의 강도가 심해지고 빈도수가 많아지고 있다. 또 심히 큰 우박재앙이 내릴 것이지만 땅에 있는 사람들은 하나님을 비방할 것이다(계 16:9, 11, 21절). 여기서 우리가 알 수 있는 것은 멸망받을 자들은 끝까지 회개치 않고 하나님을 비방한다는 사실이다.

4) 바벨론의 정체(17:1-18)

계 17-18장은 하나님의 진노를 받을 바벨론의 정체와 멸망을 말하고 있다. 먼저 계 14:8 과 계 16:19-20, 계 18:21을 보기 바란다. 바벨이란 단어가 처음 창세기에 등장한다. 함의 자손 니므롯의 나라가 시날 땅 바벨에서 시작했으며(창 10:10), 그곳에 하나님을 대항하기 위하여 바벨탑을 쌓았다(창 11:4), 그러나 하나님께서 그들을 흩으셨다(창 11:9). 역사 속에 바벨론이란 제국이 등장했지만 결국 사라지고 말았다(단 4:30, 렘 51:59-64). 바벨탑, 바벨론, 요한 당시의 로마, 그리고 마지막 때 등장할 하나님을 대적하는 총체적 세력인 바벨론은 결국 멸망당할 것이다. 한마디로 멸망이 바벨론의 확정된 미래이다.

큰 음녀(예수 그리스도와 관계없는 거짓 종교세력, 큰 음녀<1>, 큰 바벨론<5>, 큰 성<18>)가 짐승(정치세력)을 타고 물(15절에 보듯이 온 세상임) 위에 앉아 있다. 거짓 종교 세력(음녀)과 정치세력(짐승)이 결탁한 모습이다. 정치세력은 종교를 등에 업어야 정치를 할 수 있다. 나라는 국경이 있지만 종교는 국경이 없기 때문에 그 세력은 막강하며 세계적이다. 명동성당만 보더라도 조그만 땅덩어리 위에 있지만 그 힘을 알기에 대통령이 되면 찾아가고, 그곳에서 나오는 말에 정치권은 민감하게 반응한다.

음녀가 세상을 미혹하고(세상은 거짓에 빠져 음녀의 손아귀에서 놀아남), 교회를 핍박한다(성도들의 피에 취함, 계 11:7, 13:7, 15). 마귀가 통치하기 위해 쓰는 두 가지의 방법은 미혹(고후 11:14, 광명한 천사)과 핍박(벧전 5:8, 우는 사자)이다.

음녀의 모습은 영혼을 사냥하기에 딱 맞는 섹시함을 드러낸다(4-5절, 이 음녀의 속성은 시대마다 있어왔다. 나 3:4 참고). 그러니까 세상이 쉽게 음행을 하고 취하게 된다(2절), 말세가 되면 세상은 배교와 물질주의 그리고 음란에 빠지게 될 것이다(요일 2:15-16). 이에 대해 바울은 딤후 3:1-4에서 말세에 사람들이 하나님보다 자기, 돈, 쾌락을 더 사랑하게 될 것이라고 경고하고 있다.

또한 교회를 핍박할 것이다(6절). 역사를 보더라도 기독교는 종교가 핍박했다. 그 좋은 예가 마녀사냥, 종교재판이다. 자기네 말을 안 들으면 정치세력을 이용하여 인정사정없이 죽였다. 그럼에도 영국에서는 신앙의 자유를 찾아 떠난 청교도들이 있었고, 스코틀랜드에서는 핍박 속에서도 말씀을 붙든 언약도들이 있었고, 프랑스에서는 순교하면서도 신앙을 지킨 위그노들이 있었다. 이러한 사실들을 통해 성도들은 세상이 감당하지 못하는 자들임을 알 수 있다.

요한이 큰 음녀를 보고 놀랍게 여기자, 천사가 큰 음녀와 7두10각 짐승의 비밀을 말해 주었다. 음녀가 타고 있는 짐승은 13:1-10에 나오는 바다에서 올라오는 7두10각 짐승임을 알 수 있다. 8절에 쓰이는 무저갱이란 단어는 무저갱과 심연(깊은 바다)으로 쓰이는 단어이다. 따라서 바다에서 올라온 짐승은 세상을 지배할 정치세력인 적그리스도다. 그의 등장은 잠시 동안 될 것이며 결국 멸망으로 들어갈 것이다.

음녀가 앉아 있는 짐승의 일곱 머리는 일곱 산 또는 일곱 왕이다. 어떤 사람들은 로마의 왕들로 보기도 하는데 제국으로 보는 것이 더 합당하다. 다니엘 7장에서 말하듯이 왕은 곧 제국을 말한다. 다섯(애굽, 앗수르, 바벨론, 페르시아, 헬라)은 망하였고, 하나(로마 : 요한이 살고 있는 시대)는 있고, 다른 하나(마지막 제국에 등장할 적그리스도)는 아직 이르지 아니했다. 그는 전에 있었다가 지금은 없으나 장차 등장할 자이다. 그는 죽게 된 것 같다가 다시 살아난 자이다. 그러므로 순서대로는 일곱 번째이면서 곧 여덟 번째이다. 하지만 그는 잠시 동안 머물다가 결국 멸망으로 들어갈 것이다(계 19:20).

열 뿔은 열 왕으로 실권은 짐승이 가지고 있고 그 밑에서 임금처럼 행세하는 자들을 말한다. 예를 들면 로마시대의 분봉 왕이었던 헤롯 대왕을 생각할 수 있다. 그들은 자신의 권세와 능력을 짐승에게 주고 그 밑에서 임금처럼 권세를 누릴 것이다.

그들이 어린양과 싸우지만 어린양이 이길 것이다(계 19:19-21). 그러므로 신실한 성도들은 세상을 이길 것이다. 반드시 이긴다는 사실은 성도들에게 큰 힘이 될 것이다. 세상은 이러한 사람들을 감당하지 못한다(히 11:35하-40). 그들은 흔들리는 세상 나라가 아닌 흔들리지 않는 영원한 하나님 나라를 바라보는 자들이다. 우리의 싸움은 이 어둠의 세상 주관자들과 하늘에 있는 악의 영들을 상대하는 것이란 사실을 잊어서는 안 된다(엡 6:12).

결국 짐승과 열 뿔이 하나가 되어 음녀를 죽일 것이다. 그들에게 자중지란이 일어날 것이다. 서로 필요에 의해서 하나인 것 같으나 사용할 가치가 없으면 죽일 것이다. 거짓 종교 세력은 결국 이용만 당하고 정치세력에 의해 버림받을 것이다. 예수 그리스도와 싸울 마지막 세력은 짐승이다. 결국 음녀, 짐승, 왕들에 의하여 하나님의 뜻이 수행되어 간다. 모든 것이 역사의 주관자이신 하나님에 의해 이루어져 간다는 것을 안다면 은혜 위에 굳게 서고, 예수 그리스도를 아는 지식에서 자라 가는데 힘써야 할 것이다.

5) 바벨론의 멸망(18:1-24)

하늘에서 내려 온 큰 권세를 가진 천사가 바벨론의 완전한 멸망을 외쳤다(계 14:8 참고). 멸망당하는 바벨론은 귀신의 처소, 각종 더러운 영이 모이는 곳, 각종 더럽고 가증한 새들이 모이는 곳임을 말하고 있다(겔 8-9장, 하나님 전에서 행해지는 가증한 일들, 하나님의 심판은 성전에서부터 시작됨). 바벨론으로 인해 만국이 무너지고, 땅의 왕들은 그와 더불어 음행하였고, 땅의 상인들(23절, 땅의 왕족들)도 그 사치의 세력으로 치부하였다(계 17:4 참고). 땅에 존재했던 제국들의 멸망 원인은 사치와 열락과 음행이었다. 마지막 때의 바벨론도 이와 같은 이유로 멸망당할 것이다.

이어서 요한은 하늘로부터 나오는 음성을 들었다. 그 내용은 "내

백성아, 거기서 나와 그의 죄에 참여하지 말고 그가 받을 재앙들을 받지 말라"는 것이었다(계 14:9-12 참고). 요한은 요일 2:15-17에서 세상을 사랑하지 말라고 권면하고 있다(고전 7:31, 약 4:4 참고). 왜냐하면 세상은 하나님으로부터 멀어지게 만들고, 죄를 짓게 만들고, 영원하지 않기 때문이다. 그러므로 롯의 처처럼 세상에 집착해서는 안 된다. 모든 것은 소유개념이 아닌 사용개념으로 선용하며 살아야 한다.

노아 시대 때에 사람의 죄악이 세상에 가득함으로 인해 물로 심판을 받은 것처럼, 바벨론이 심판을 받는 것은 죄가 하늘에 사무쳤기 때문이다. 그러므로 죄로 말미암아 하나님께서 세상을 불로 심판하실 것이다(벧후 3:8-13 참고). 고넬료처럼 기도가 상달되고 구제가 기억되면 응답이지만 죄가 차면 심판이다.

음녀가 행한 대로 하나님께서 갑절로 갚아주실 것이다. 그가 쌓은 모든 것이 하루아침에 없어질 것이다. 졸지에 바벨론은 몰락하게 될 것이다. 그를 심판하시는 하나님은 강하신 분이기 때문이다(사 14:12-15, 47:5, 8-9 참고).

땅의 왕들이 바벨론의 멸망을 보고 우는 것은 다시는 음행과 사치를 못 누리게 되었기 때문이다(9-10절). 또한 땅의 상인들이 우는 것도 다시는 그들의 상품을 사는 자들이 없기 때문이다. 그들이 매매하던 상품이 12-13절에 소개되고 있다. 상품들을 보면 사람들의 관심이 어디에 있는가를 알 수 있다. 사람들은 이런 것을 위해서는 돈을 아끼지 않는다.

바벨론으로 말미암아 치부한 이 상품의 상인들도(15절), 모든 선장과 각처를 다니는 선객들과 선원들과 바다에서 일하는 자들도 울고 애통하게 될 것이다(17절). 대기업이 망하면 중소기업을 비롯하여 관계된 모든 사람들이 함께 망하듯이 바벨론이 망하자 함께 했던 자들이 같이 망하게 될 것이다.

그러나 하나님의 백성들은 바벨론의 멸망으로 인해 즐거워할 것이다. 왜냐하면 이 땅에 있는 동안 그들로 인하여 당한 고통으로 말미암아 가슴에 맺힌 한이 풀렸기 때문이다(20절, 계 6:10). 교회는 세상이 줄 수 없는 것을 주는 곳이다. 교회는 세상이 원하는 은과 금이 아닌 그들에게 꼭 필요하고, 모든 것의 답인 예수 그리스도를 전해 주어야 한다(행 3장 참고).

한 힘센 천사가 바벨론의 완전한 멸망을 선포했다. 다시는 그동안 누렸던 모든 것들을 누리지 못하게 될 것이다. 그가 멸망당하는 이유는 세상을 미혹하고, 선지자들과 성도들을 죽였기 때문이다. 계 18장은 바벨론이 무너질 날이 반드시 올 것이라고 분명히 가르치고 있다. 그럼에도 불구하고 세상에는 자기 마음대로 살아가는 자들이 많이 있다. 교회는 그들에게 바벨론의 헛됨을 알리고 예수 그리스도의 참된 가치를 증거 해야 한다.

그리스도의 나라가 되게 할 것임(19-22장)

1. 예수 그리스도의 재림(19장)

1) 예수 그리스도의 신부(19:1-10)

마지막 나팔이 불려지고, 마지막 재앙인 일곱 대접이 준비되기 전, 성도들이 부활하여 주님을 맞이하기 위해 들림을 받을 것이고, 땅에 남아 있는 자들(짐승의 우상에 경배하고, 짐승의 표를 받은 사람들)에게는 준비된 대접이 쏟아지게 될 것이다.

음녀와 더불어 놀아나던 자들의 통곡 소리와 대조적으로 예수 그리스도의 신부인 성도들의 할렐루야(시 150:6 참고. 할렐루〈너희는 찬양하라〉 야〈여호와를〉 : 너희는 여호와를 찬양하라) 찬양이 울려 퍼질 것이다.

할렐루야로 찬양 드리는 이유는 구원과 영광과 능력이 하나님께 있기 때문(1절, 구원은 삼위일체 하나님의 사역), 하나님의 심판은 참되고 의롭기 때문(2절, 계 15:2-4), 말씀대로 성취되었기 때문(4절, 아멘〈언약대로 이루어 주소서〉, 계 10:7과 11:15-18), 하나님이 통치하시기 때문이다(6절, 롬 11:36). 성도들은 이 땅에서의 심판이 참되지 못하고 의롭지 못하더라도 하나님의 의로운 심판이 있기에 억울한 일을 당해도 위로를 받고 살아야 한다(도둑이 제 발 저리지만 의인은 발 뻗고 잠, 시 9:8, 고전 4:5, 롬 12:19-21 참고).

할렐루야 찬양은 결혼 행진곡과 같다. 왜냐하면 어린양의 신부인 성도들에게 있어서 최고의 날이기 때문이다. 성경은 어린양(예수 그리스도)을 신랑으로 성도(교회)를 그의 신부로 비유하고 있다(엡 5:32, 고후 11:2 참고). 예수 그리스도의 신부인 교회가 그를 맞이할 준비가 되었다. 결혼식에 아무 옷이나 입고 가지 않고 하얀 드레스를 입고 가듯이 성도들은 자신을 준비해야 한다. 주님을 만나기 위해 성도(신부)로써 받는 고난을 견뎌야 한다. 신부가 흠 없이 그 앞에 서기 위하여 거울을 보듯이 늘 자신의 삶을 돌아보아야 한다(마 25:1-13의 열 처녀 비유, 사 61:10, 고후 5:8-10, 벧후 3:14, 계 7:14, 14:4-5, 16:15 참고).

가운은 성가대, 성직자가 입는데 이는 화려함이 아닌 자신의 추한 모습을 최대한 가리기 위해서 입는 겸손한 의복임을 잊어서는 안 된다. 가운을 입은 것으로 감사하는 것이 아니라 하나님께서 입혀주신 의의 세마포로 인하여 감사해야 한다(마 22:1-14, 혼인 잔치 비유, 예복을 입지 않은 사람은 들어가지 못함, 청함을 받은 자는 많되 택함을 입은 자는 적으니라).

예수 그리스도의 신부에 걸 맞는 삶을 위해 잠옷이 아닌 전투복을 입고 선한 싸움을 싸워야 한다. 교회 자랑, 목사 자랑이 아닌 예수 그리스도의 십자가를 자랑해야 한다. 그럴 때 바울처럼 몸에 예수의

흔적을 지니게 된다(갈 6:14, 17). 단지 교회를 다니는 자들이 아닌 예수 그리스도를 믿는 자들이 되어 선한 싸움을 싸워야 한다.

천사의 말을 듣고 너무 감격해서 경배하려 하자, 하나님만이 할렐루야 찬양을 받으실 경배의 대상이라고 알려 주었다(계 22:8-9 참고). 천사는 우리를 섬기라고 하나님께서 보낸 종들이다. 성령님께서 예수 그리스도를 증거하게 하시고, 가르치시고, 생각나게 하시고, 믿어지게 하고, 기도하게 하심으로 하나님만을 경배하게 하신다.

2) 예수 그리스도의 재림(19:11-21)

본문은 예수 그리스도의 재림에 관한 내용이다(마 24:29-31, 요 14:1-3, 행 1:11, 딤전 6:15 참고). 요한은 하늘이 열리고 재림하시는 주님의 모습을 보게 되었다(계 4:1, 11:19, 15:5 참고).

그의 이름을 네 가지로 표현하고 있다. 1) 충신과 진실(거짓이 없는 신실하신 진정한 구주, 이름은 그의 모든 것을 대변한다), 2) 자기 밖에 아는 자가 없음(누구도 모방할 수 없는 능력과 권세를 소유하고 계신 이름, 빌 2:9-11, 눅 10:17), 3) 하나님의 말씀(이미 요 1:1에서 밝힘, 그는 피 뿌린 옷을 입고 있음, 그의 보혈로 성도들이 정결하게 됨, 8절과 살전 4:14 참고, 예수 그리스도의 무기는 말씀이다. 말씀으로 창조, 섭리, 심판하심〈요 1:1-3, 히 1:3, 11:3〉, 대장되시는 예수 그리스도께서 싸우시고 성도들은 그의 승리에 참여할 뿐이다. 성도들의 무기도 말씀이다. 히 4:12, 엡 6:17 참고, 용과 짐승 그리고 거짓 선지자의 입에서 나오는 더러운 영과 대조 된다〈계16:13-14〉), 4) 만왕의 왕이요 만주의 주(시2편 메시아 시 참고, 그는 모든 만물의 주인이심)이시다.

혼인 잔치와 대조적으로 땅에서는 심판의 잔치가 벌어질 것이다(17-18절). 예수 그리스도께서 아마겟돈 전쟁에서 승리하실 것이다(계 16:16). 짐승과 거짓 선지자(계 13장 참고)는 산 채로 유황불 붙는 못에 던져질 것이다(계 20:10, 14-15, 막 9:48-49 참고). 예수 그리스도께서 말씀으로 승리하실 것이다. 남은 자들은 초청된 새들의 밥이 될 것이다. 그 날이 있음을 믿고 이 땅에서 부활의 증인으로 살아야 할 것이다.

2. 천년 왕국과 최후의 심판(20장)

1) 천년 왕국(20:1-6)

19장 예수 그리스도의 재림사건 다음에 20장에서 천년왕국에 대한 내용이 있는 것이 당연한 것이다. 용의 사주를 받은 짐승과 거짓 선지자가 불 못에 던져지고 이제 남은 것은 용밖에 없다. 천사가 무저갱의 열쇠와 큰 쇠사슬을 가지고 내려와 사탄을 결박하여 무저갱에 던져 넣고 잠그고 그 위에 인봉함으로 천년 동안 만국을 미혹하지 못하게 하였다가 그 후에 반드시 잠깐 놓일 것이다(1-3절). 천사의 말처럼 천년이 차매 사탄이 그 옥에서 잠깐 놓이게 된다(7절).

이 천년동안 성도들은 그리스도와 더불어 왕 노릇하게 될 것이다(4-6절). 여기서 중요한 것은 이 천년을 상징적으로 볼 것인가? 문자적으로 볼 것인가? 라는 것이다. 예수 그리스도의 재림을 중심으로 해서 전천년(역사적 전천년〈사도요한, 폴리갑, 이레니우스, 박형룡, 박윤선 : 역사적 전천년설의 올바른 형태는 칼빈주의와 일치한다고 함〉과 세대주의 전천년)과 후천년(후천년과 무천년〈오리겐, 어거스틴, 칼빈 : 실제로는 종말론을 정리하지 않음, 핸드릭슨〉)으로 나뉜다.

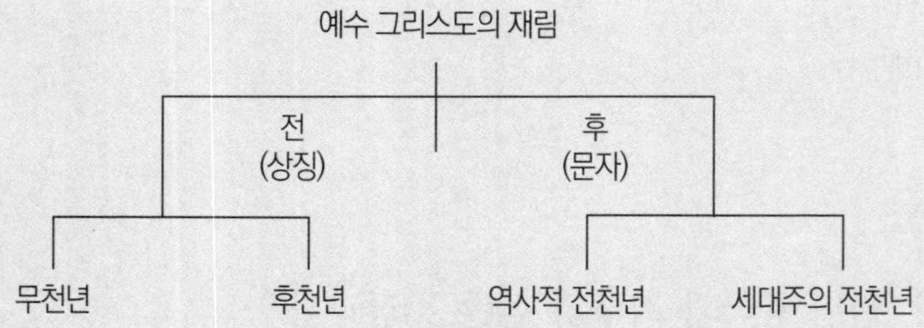

* "천 년 동안"을 예수 그리스도의 재림 전으로 보는 입장과 후로 보는 입장으로 나뉜다. 전으로 보는 사람들은 천년을 상징으로 보고, 후로 보는 사람들은 문자(실재하는 것)로 본다.

A.D 1, 2세기는 역사적 전천년이었으나 시간이 오래 지나도 주님이 오지 않으시니까 반발로 무천년이 나오게 되었다. 17세기에는 후천년설이 등장했고, 19세기에 세대주의 전천년설이 생겼다. 어느 것을 주장한다고 해도 다 훌륭한 신앙인들이었고, 모두 재림을 믿고 사모했다. 이 논쟁은 2천년동안 승자도 패자도 없다. 우리가 알아야 할 것은 신학자들도 중요하지만 성경 본문이 최고다. 두꺼운 주석책보다 더 권위가 있는 것은 성경이라는 사실은 변함이 없다.

지금도 세대주의 전천년을 주장하는 사람들이 많이 있으나 건전한 교단에서는 무천년과 역사적 전천년 중에서 하나를 가르치고 있다. 무천년에서는 "또 내가 보매"라는 말을 장면의 전환으로 보고 다시 예수 그리스도의 초림으로 돌아가서 해석하려고 한다. 그러다 보니 무천년에서는 1-3절을 예수 그리스도의 부활 사건으로, 4절의 "살아서"를 성도들의 거듭난 것으로 본다. 하지만 앞부분과 끊을 수 없는 단락이다(And I saw : 그리고 내가 봤는데). 짐승과 거짓 선지자가 잡혀서 불 못에 던져지고 그들을 사주한 용이 결박당하여 무저갱에 던져짐이 자연스러운 것이다.

조금만 더 생각해보면 요한계시록은 부활하신 예수 그리스도께서 요한에게 장차 될 일에 대하여 보여주시면서 하신 말씀이기 때문에 천년이란 문자적으로 천년이 아닐지라도 재림 후에 있을 실재적인 기간으로 보는 것이 좋다(노아 홍수 전 평균 수명이 900세를 넘음).

천사가 사탄(계 12:9, 온 천하를 꾀는 자)을 무저갱에 가두는 것은 만국을 미혹하지 못하게 하기 위함이다. 그렇다면 그 전까지는 마귀가 세상을 미혹한다는 것이다. 그러므로 예수님도, 바울도 미혹을 받지 않도록 주의하라고 경고하고 있다(마 24장, 고후 11:14, 살후 2:3 참고). 계 13장에서 용의 사주를 받은 땅에서 올라오는 짐승(거짓 선지자)이 미혹할 것을 말하고 있다. 천년 동안을 상징적으로 본다면 미혹하는 이단들이 없어야 한다.

첫째 부활에 참여하는 자(성도)들은 만왕의 왕이신 예수 그리스도와 함께 왕 노릇하게 될 것이다. 첫째 부활이 있다는 것은 둘째 부활(12-15절)이 있음을 전제한 것이다. 요 5:25-29, 고전 15:23-26, 50-54, 빌 3:20-21, 살전 4:15-18을 찾아서 읽으라. 성도들은 바울처럼 부활을 믿기에 하나님과 사람들 앞에서 양심에 거리낌이 없기를 힘쓰는 자들이다(행 24:14-16).

천년 동안은 창 1:28(다스리다〈왕 노릇하다〉)의 언약을 이루기 위함이다. 에덴 동산 가운데에는 생명나무와 선악을 알게 하는 나무가 있었는데 인류의 시조인 아담과 하와가 선악을 알게 하는 나무의 열매를 따 먹음으로 인해 하나님과의 언약을 깨뜨림으로 하나님이 주신 다스림의 복을 누리지 못하고 쫓겨났기 때문이다. 천년동안 주님과 함께 다스림은 하나님께서 주신 복의 회복인 것이다. 말씀을 성취하기 위해 반드시 다스려야 된다.

"그들이 새 노래를 불러 이르되 두루마리를 가지시고 그 인봉을 떼기에 합당하시도다 일찍이 죽임을 당하사 각 족속과 방언과 백성과 나라 가운데에서 사람들을 피로 사서 하나님께 드리시고 그들로 우리 하나님 앞에서 나라와 제사장들을 삼으셨으니 그들이 땅에서 왕 노릇 하리로다 하더라"(계 5:9-10).

"내가 택함 받은 자들을 위하여 모든 것을 참음은 그들로 그리스도 예수 안에 있는 구원을 영원한 영광과 함께 받게 하려 함이라 미쁘다 이 말이여 우리가 주와 함께 죽었으면 또한 함께 살 것이요 참으면 또한 함께 왕 노릇 할 것이요"(딤후 2:10-12상).

하나님 나라는 통치의 개념이다. 주님께서도 "나라가 임하시오며" 라고 기도할 것을 가르쳐 주셨다. 하나님 나라는 땅에서 이루어진다. 이 땅에서 살아가는 성도의 마음과 그의 영역, 천 년 왕국 그리고 새 땅에 거룩한 성 새 예루살렘이 하나님께로부터 하늘에서 내려오게 된다(계 21:1-2).

2) 사탄의 멸망과 최후의 심판(20:7-15)

3절의 말씀처럼 천 년이 차매 사탄이 그 옥에서 놓여 땅의 사방 백성(환난 속에서 살아남은 짐승을 따르던 자들의 후손들로써 천년 동안 통치를 보여주어도 사탄을 따름)곧 곡과 마곡(겔 38-39장을 참고하되 38:1-9, 15-16, 21-23을 연결해서 볼 것)을 미혹하여 성도들을 공격하기 위하여 성을 둘러싸지만 싸워보지도 못하고 하늘에서 불이 내려와서 그들을 태워버리게 된다.

그리고 이번에는 그들을 미혹하던 마귀가 무저갱이 아닌 불 못에 던져지게 된다. 불 못은 음부(부활하기 전까지 믿지 않는 자들의 영혼이 머무는 곳)와 다른 지옥을 말한다(막 9:47하-49 참고). 결국 음부는 지옥과 연장선상에 있는 것이다. 그곳에는 이미 짐승과 거짓 선지자가 들어간 곳이다. 짐승과 거짓 선지자 그리고 사탄은 그곳에서 세세토록 괴로움을 받을 것이다(계 20:14-15, 21:8).

불 못에 짐승과 거짓 선지자 그리고 사탄이 들어가고, 그들을 따르던 사람들을 위해 예수 그리스도께서 흰 보좌 위에 앉아 심판 하신다(단 7:9-10, 요 5:22, 24 참고). 그 앞에 책들과 생명책이 펴져있고, 죽은 자들이 모두 그 앞에서 자기 행위를 따라 심판을 받게 될 것이다(고후 5:8-10). 그 때에는 양과 염소로 나누어지게 된다(마 25:31-46을 읽을 것). 믿는 자들에게 있어서 그 자리는 시상대가 될 것이지만 믿지 않는 자들에게는 행위에 따라 영원한 심판을 판결 받는 자리가 될 것이다.

이 땅에서의 재판은 억울한 판결이 많이 있다. 돈과 권력이 있으면 얼마든지 결과를 바꿀 수 있는 길이 있다. 그러나 예수 그리스도 앞에서는 어떤 부정도 통하지 않는다. 주님은 공의로 심판하실 것이다. 그래서 주님의 보좌는 흰 보좌이다(솔로몬의 재판, 고전 4:1-5).

성도들은 예수 그리스도께서 그들을 대신해서 십자가에서 심판을 받으셨기 때문에 심판을 받지 않고(요 5:24), 하나님의 의인 예수 그리스도를 믿지 않은 자들은 심판을 받게 될 것이다. 그러므로 첫째 부활에 참여하지 못하고 둘째 부활에 참여하는 자들은 불행한 자들이다. 그들은 생명책에 기록되지 못한 자들로서 결국 불 못에 던져질 것이다(막 9:48-49, 눅 16장의 부자와 나사로비유, 계 9:6〈이 땅에서 맛 봄〉). 예수 그리스도를 믿는 자들은 한번 죽지만, 믿지 않는 자들은 두 번 죽게 될 것이다. 성도들은 이 땅에서 억울한 일을 당해도 그 이름이 생명책에 기록된 것으로 기뻐해야 한다(눅 10:20, 빌 3:20, 빌 4:3).

죽음으로 끝나는 것이 아니라 히 9:27에서 “한번 죽는 것은 사람에게 정해진 것이요 그 후에 심판이 있으리니”라는 말씀대로 마지막 심판과 영원한 멸망이 있음을 잊지 말아야 한다. 성도들은 다시 한 번 예수 그리스도 안에서 받은 복을 깨닫고 이 땅에서 감사함으로 복됨을 누리며 살다가, 영원한 안식에 들어가는 자들이 되어야 한다.

3. 하나님 나라(21:1-8)

사탄과 짐승 그리고 거짓 선지자와 예수 그리스도를 믿지 않던 자들이 다 불 못에 던져졌음으로 이제는 예수 그리스도의 신부인 성도들이 천국에 들어가는 일만 남아 있다(눅 3:17 참고).

계 21장에서는 하나님 나라의 임함과 모습 그리고 하나님 나라에 들어갈 자에 대하여 말하고 있다. 다시 한 번 하나님 나라가 하나님의 뜻, 예수 그리스도의 비전, 교회가 존재하는 이유임을 생각하기 바란다.

요한은 처음 하늘과 땅과 바다가 아닌 새 하늘과 새 땅을 보게 되었다(시 102:25-28〈의복같이 바꾸시면 바뀌려니와〉, 벧후 3:8-13〈떠나가고, 풀어지고, 녹아짐〉). 말씀으로 모든 만물을 지으신 하나님(히 3:4, 11:3, 계 4:11)께서 모든 만물을 새롭게 하신다(5절, 개혁주의에서는 갱신설을 주장함).

거룩한 성 예루살렘이 하나님께로부터 하늘에서 내려오는데 그 모습이 신부가 신랑을 위하여 단장한 것처럼 아름다울 것을 말하고 있다. 그 아름다움을 이 표현 외에 달리 어떻게 표현할 길이 없다. 천국의 모습은 우리가 짐작할 수밖에 없기에 가장 아름다운 신부의 모습으로 묘사하고 있다.

이 성에서 하나님과 함께 할 것이다. 그 곳에는 죄 자체가 없기에 이 땅에서 죄 때문에 받았던 그 어떤 고통도 없을 것이다. 인간은 이 땅에 이상적인 나라를 절대로 만들 수가 없다. 천국은 인간이 만드는 것이 아니라 하나님이 만드시는 것이다.

이 땅에 보이는 것이 전부라고 생각해서는 안 된다. 보이는 것은 보이지 않는 것에 의하여 존재하며 보이는 것은 결국 없어지고 보이지 않는 것이 실재하게 될 것이다. 그러므로 이 땅에서는 다 쓰지 못하는 자처럼 살아야 한다(고전 7:31).

모든 것을 다 이루신 예수 그리스도께서 교회를 향하여 이기는 자가 되라고 하신다. 왜냐하면 천국은 이기는 자들이 받게 될 것이기 때문이다. 즉 생명책에 기록된 자들이 하나님과 함께 거하는 곳이다.

영원하신 하나님께서 인간과 함께 하기 위해 역사 속으로 들어오셨다. 그것이 성막(성전)이었다. 성막은 하늘에 있는 것의 모형이다.

하나님과의 만남을 위해 지성소에 대제사장이 피를 가지고 들어가야 했다. 그 하나님께서 우리와 함께 하기 위해 육신을 입고 이 땅에 오셨고, 대제사장으로 자신의 피를 가지고 하늘 성소로 들어가심으로 우리로 하여금 하나님과 함께 하는 영원한 길을 열어 놓으셨다. 성령님께서 우리 안에 오셔서 그 나라에 들어가기까지 연약한 우리를 인도해 가신다(히 9:23-28 참고).

천국은 회개하고 예수 그리스도를 믿는 자들이 들어가는 곳이다. 믿지 않는 자들은 지옥에 던져지게 될 것이다. 이 땅에서는 사람들이 얼마나 많은 눈물을 흘리며 사는가? 죽음 때문에, 아파서, 외롭고 쓸쓸해서, 남편 때문에, 자식 때문에, 실패 때문에 … 천국은 이러한 것들이 다 없어지고 기쁨만 충만한 곳이다(계 7:14-17 참고).

예수님께서 수가성 여인에게 말씀하신 영원히 솟아나는 샘물(요 4:13-14, 다른 표현으로 하면 니고데모에서 말씀하신 성령으로 거듭남〈요 3:5〉, 즉 요 7:37-39의 성령)을 마신 자는 하나님의 자녀임으로 천국을 상속받게 될 것이다(롬 8:14-17, 갈 4:4-7 참고). 인생은 돈, 명예, 권력, 사랑, 지식에 대한 갈증 때문에 고달픈 것이다. 하지만 천국을 소유한 하나님의 자녀들은 이러한 것들에서 자유하는 삶을 살게 된다.

그러나 회개하지 않고 하나님을 믿지 않는 자들은 이 땅이 그들의 모든 것이기에 롯의 처처럼 집착할 수밖에 없으며 결국 멸망 받게 될 것이다. 천국과 지옥은 꾸며낸 가상공간이 아니라 실재하는 곳이다. 믿는 자들은 하나님의 영광의 풍성함을 누리게 될 것이지만 믿지 않는 자들은 불 못에 던져지는 게 그들의 운명이다.

요즘 더 물질만능주의에 빠져 물질이 인생의 주인이 되었고, 탈종교화현상이 심화되어 사람들이 종교에 관심을 가지지 않으며, 포스트모더니즘과 종교 다원주의로 인해 절대적인 것을 부정하는 것이 오늘 날의 현실이다. 그러나 이러한 시대에 성도들은 예수 그리스도가 절대적인 진리임을 믿고 증거하는 삶을 살아야 한다.

4. 새 예루살렘(21:9-22:5)

한 천사가 성령으로 요한을 데리고 높은 곳에 올라가 예수 그리스도의 신부, 어린 양의 아내(27절)가 들어갈 거룩한 성 예루살렘에 대하여 보여 주었다. 천국은 하나님의 영광이 드러나는 곳이다. 물질적인 것이 아닌 철저히 인격적이며, 생명의 부활을 한 사람들의 집합체이다. 그러므로 교회가 천국의 모형인 것이다.

마 16장에서 예수님께서 베드로의 고백을 들으신 후 "내가 이 반석위에 내 교회를 세우리라"고 하셨다. 교회는 하나님의 의인 예수 그리스도를 주로 고백한 사람들의 모임이다. 계 21장에서 말하고 있는 새 예루살렘에 들어가는 사람들이 바로 생명책에 이름이 기록된 이 사람들인 것이다.(27절)

이들이 들어 갈 거룩한 성 새 예루살렘은 열두 지파를 상징하는 열두 문과 열두 사도를 상징하는 열두 기초석으로 구성되어 있다. 성은 길이와 너비와 높이가 같은 네모 모양이며 한 변의 길이가 만 이천 스다디온이다(1스다디온이 약192미터임으로 약2,300 킬로미터). 성의 두께는 백사십사 규빗이다(1규빗이 45센티미터임으로 약 65미터). 열두 문은 진주로 되어있고, 동서남북으로 세 문씩 있는데, 문마다 천사가 있고, 그 위에는 열두지파의 이름들이 있다. 열두 기초석은 열두 보석으로 꾸며졌으며(이 보석들은 대제사장의 흉패에 달렸던 12개의 보석 참고), 열두 사도의 이름들이 있다. 엡 2:20에서 "너희는 사도들과 선지자들의 터 위에 세우심을 입은 자"라고 말하고 있듯이, 12지파와 12사도로 구성된 새 예루살렘은 구약과 신약 성도가 하나가 된 집합체를 말한다.

이 성 안에는 성전이 없다. 왜냐하면 하나님 자신이 그 곳에 계시기 때문이다(성전은 하나님과의 만남의 장소). 구약에서는 하나님과의 만남이 지성소에서 이루어졌다. 그 곳에는 하나님의 영광의 빛이 있었다. 이와 같이 하나님 나라는 하나님의 영광이 비치고, 문들이 없으며(구약에서는 휘장들이 있었음), 예수 그리스도께서 등불이 되시는 곳이다. 성도들이 빛 가운데로 다니며 하나님께 받은 영광을 가지고 들어가는 곳이다. 한마디로 지옥은 영원한 밤의 나라인 반면에 천국은 영원한 빛의 나라이다.

이 나라에 들어가도록 예수 그리스도께서 하신 일이 무엇인가?

지성소에는 대제사장이 1년에 한번, 대 속죄일(7/10) 때 들어갈 수 있었다. 그 곳에는 하나님과 대제사장만 있었다. 예수 그리스도께서 십자가에서 죽으실 때 그 곳에 들어가는 휘장이 위에서부터 아래로 찢어졌다. 이 사건에 대하여 히브리서 기자는 "그리스도께서는 참 것의 그림자인 손으로 만든 성소에 들어가지 아니하시고 바로 그 하늘에 들어 가사 이제 우리를 위하여 하나님 앞에 나타나시고"(히 9:24), "그러므로 형제들아 우리가 예수의 피를 힘입어 성소에 들어갈 담력을 얻었나니 그 길은 우리를 위하여 휘장 가운데로 열어 놓으신 새로운 살 길이요 휘장은 곧 그의 육체니라"(히 10:19-20)라고 밝히고 있다.

그러므로 하늘 성소인 천국에 들어갈 수 있는 자는 예수 그리스도의 보혈로 구속함을 받은 자이다. 하나님께 속하지 않은 모든 자들은 하나님 나라에 들어가지 못하게 될 것이다. 오직 생명책에 기록된 자들만이 하나님 나라에 들어가서 주님과 영원히 살게 될 것이다.

천사가 보여준 성 안에 흐르는 생명수 강은 에스겔서에서 말하고 있는 새 성전과 새 예배 그리고 새 이스라엘을 생각하게 한다(겔 40-48장, 특히 47장을 보라). 구약에 나오는 모세가 만든 성막과 솔로몬이 만든 예루살렘 성전, 그리고 다윗의 예루살렘 성은 하나님 나라에 대한 모형이었다.

보좌로부터 생명수의 강이 흐르고, 강 좌우에 생명나무가 열매를 맺고, 다시는 저주가 없으며, 보좌가 그들 가운데 있고, 그 분의 빛 앞에서 성도들이 하나님을 섬기며 세세토록 왕 노릇하게 될 것이다. 예수 그리스도께서 이기는 자에게는 "내가 하나님의 낙원에 있는 생명나무의 열매를 주어 먹게 하리라"(계 2:7)고 약속하셨다. 천국은 할 일이 없이 쉬는 곳이 아니라 하나님께 찬양과 예배(인생의 본분이며 최고의 행복임)를 드리는 곳이다. 그 곳에서 예수 그리스도뿐 아니라 노아, 아브라함, 모세, 다윗, 바울, 그 밖의 사랑하는 이들을 만나게 될 것이다(고후 4:14). 그리고 천년 동안이 아닌 세세토록 왕 노릇하게 될 것이다.

5. 주 예수여 오시옵소서 : 마라나타(22:6-21)

천사가 다시 한 번 요한에게 이 모든 것은 신실하고 참된 것으로 하나님께서 그의 종들에게 반드시 속히 되어 질 일을 보이기 위해서 천사를 보내셨음을 말하고 있다(계 1:1 반드시 속히 될 일, 계 1:19 장차 될 일, 계 4:1 이 후에 마땅히 될 일). 이어서 주님께서 속히 오실 것과 이 말씀을 지키는 자가 복이 있음을 밝히고 있다(계 1:3 참고).

이 모든 것을 보고 들은 요한이 너무나 영광스러워서 천사에게 경배하려고 하자 자신에게가 아닌 하나님께만 경배하라고 명하고 있다(계 19:10 참고). 천사는 결코 숭배의 대상이 될 수 없고, 오직 하나님만이 경배의 대상이다(히 1:14, 골 2:18〈초대교회 당시 천사 숭배함이 있었음을 알 수 있다〉).

천사가 요한에게 인봉하지 말라고 한 것은 하나님 나라가 가까이 오고 있기 때문이다(다니엘에게 인봉하라고 함〈단 12:9-10 참고〉). 보좌에 앉으신 하나님이 마지막 때까지 알곡과 가라지를 놔두신다. 그때 모든 것이 둘로 나누어질 것이다(마 25장의 양과 염소 비유). 믿는 자들에게는 줄 상이 있다고 하신다(고전 15:58, 빌 3:14, 히 11:26, 11:6).

마침표를 찍어야 문장이 끝나듯이, 예수 그리스도께서 종지부를 찍으시기 위해서 속히 오신다고 하셨다. 7, 12, 20절에서 3번이나 속히 올 것을 말씀하고 계신다. 성도들은 천국에 들어갈 권세를 얻게 되지만, 진리 되신 예수 그리스도를 믿지 않는 자들은 성 밖에 있게 될 것이다. 땅에서는 좀 고달프더라도 이 확신 때문에 참고 견디는 것이다(롬 8:18).

다윗의 뿌리, 자손 곧 광명한 새벽 별이신 예수 그리스도께서 자신의 몸 된 교회를 위하여 자신의 사자를 보내어 이것을 증거하셨다(16절, 계 1:1, 22:6). 성령과 교회는 세상을 향해 이 사실을 전함으로 값없이 주시는 하나님의 은혜를 받게 해야 한다(사 55:1-3, 마 11:28, 요 7:37-38).

사람들은 보이는 것을 실재로, 보이지 않는 것을 허상으로 생각한다. 그러나 보이는 것은 유한한 것이며, 보이지 않는 것이 영원한 것이다. 조금만 깊이 생각하면 보이는 것은 보이지 않는 것에 의하여 존재한다는 것을 알 수 있다. 지금도 영원한 세계가 존재하는데 사람들이 보이는 세계에 심취되어 있기에 그것이 보이지 않는 것이다. 영원한 세계는 분명히 있다. 육신의 장막을 벗으면 우리가 갈 하나님 나라가 분명히 있다. 신실하신 하나님의 말씀을 믿는다면 성도들은 좀 힘들더라도 좌절하지 말고 살아야 한다.

이 예언의 말씀은 너무도 분명하기에 더하거나 빼서는 안 된다(잠 30:6, 마 5:18). 하나님의 말씀은 변질되어서는 안 되는 정확한 진리임을 알 수 있다. 모든 성경은 하나님의 감동으로 된 것으로 (딤후 3:16), 오직 성령의 감동하심을 받은 사람들이 하나님께 받아 말한 것이다(벧후 1:21). 그러므로 성경의 원저자는 하나님이시다. 따라서 약 1,600년에 걸쳐 성령에 감동된 약 40명의 사람들에 의하여 기록되었음에도 논리적이며, 점진적인 동시에 통일성을 지니고 있다. 성경은 인간의 말이 아닌 하나님의 말씀인 것이다.

장차 될 일을 교회에 계시하신 분은 바로 예수 그리스도이시다. 그분이 말씀하신 것을 성취하기 위하여 "내가 진실로 속히 오리라"고 말씀하시자 요한이 "아멘 주 예수여 오시옵소서"라고 화답하며, 주님의 은혜가 모든 자들에게 있을 것을 선포하면서 아멘으로 마치고 있다. 성경은 태초에 하나님이 천지를 창조하시니라(창 1:1)로 시작해서 아멘(계 22:21)으로 마치고 있다.

요한계시록도 "예수 그리스도의 계시라"(계 1:1)로 시작해서 아멘(계 22:21)으로 마치고 있다. 요한은 예수 그리스도의 계시를 보고 바로 그 주님이 오셔서 이 모든 것을 성취하셔야 함으로 "마라나타"를 외치고 있다(고전 16:22 참고). 학교에 간 자녀가 회사에 간 남편이 오후에 집에 돌아 올 것에 대하여 의심하는 사람이 없듯이 주님이 다시 오신다는 것이 믿어지는 것이다.

성경이 아멘으로 마무리하고 있음에 대하여 생각해 볼 필요가 있다. 아멘이란 "언약대로 이루어 주소서"라는 의미이다. 하나님 나라의 중심에 예수 그리스도께서 계신다. 최종적으로 예수 그리스도께서 승리할 것이며, 모든 것을 완성할 것이다. 주님의 승리가 곧 성도들의 승리인 것이다. 성도들은 그 날에 대한 소망을 가지고 살아야 한다. 그럴 때 인생관과 가치관 그리고 세계관이 달라질 것이다. 그렇게 되기를 간절히 바란다.

나오면서

지금까지 살펴 본 바와 같이 요한계시록은 적그리스도, 말세에 나타날 재앙, 666 등에 대하여 말하기보다 다른 성경과 같이 예수 그리스도에 대한 이야기이다. 즉 계시자 예수 그리스도, 교회의 머리이신 예수 그리스도, 승리자 예수 그리스도에 대한 내용을 다루고 있다. 성경은 알면 알수록 단순하고 간결하고 명료하다는 것을 발견하게 된다.

어린이들이 부르는 오래된 찬양이 있다. “돈으로도, 힘으로도, 지식으로도, 벼슬로도, 어여뻐도, 맘 착해도 못가요 하나님 나라, 거듭나면 가는 나라, 믿음으로 가는 나라, 하나님 나라”.

천국은 예수 그리스도를 믿는 자들에게 주어지는 당연한 결과이다. 중요한 것은 “내가 예수 그리스도 안에 있는가?”, “이기는 자로 살아가고 있는가?”라는 사실이다. 또한 지상의 교회가 전투하는 교회로써 계속하여 진리 싸움을 하고 있는데 그 싸움이 결국 “승리로 돌아갈 것인가? 패배로 돌아갈 것인가?”가 관건이다. 이에 대하여 성경은 반드시 예수 그리스도의 몸인 교회가 승리할 것이라고 말하고 있다.

그리스도인은 하나님을 여호와로 믿는 신앙을 가진 자들이다. 즉 하나님은 말씀하신 것을 반드시 이루신다는 것을 신뢰하는 자들이다. 그 증거가 성경의 중심이신 예수 그리스도다. 사랑도 물질도 명예도 권력도 지식도 건강도 미모도 결국은 다 부질없는 것이 되고 말 것이다. 모든 것이 하나님의 경륜대로 되어져 왔고, 되어 지고 있고, 되어 질 것을 믿기에 그리스도 안에 있는 사람들은 마음에 평안이 있다. 이것이 하나님을 믿는다는 것이다.

자신이 그리스도인이라고 하는 사람들 가운데 정작 예수 그리스도에 대하여 알지 못하는 사람들이 의외로 많이 있다. 또한 예수 그리스도의 초림은 믿으면서 재림은 믿지 않는 자들도 있다. 바울은 우리에게 "너희는 믿음 안에 있는가 너희 자신을 시험하고 너희 자신을 확증하라 예수 그리스도께서 너희 안에 계신 줄을 너희가 스스로 알지 못하느냐 그렇지 않으면 너희는 버림 받은 자니라"(고후 13:5)라고 진지하게 도전하고 있다. 우리는 우리 안에 "그리스도의 영이 있는가"(롬 8:9) 깊이 생각해 보아야 할 것이다.

에녹은 65세에 므두셀라를 낳은 후 300년 동안 하나님과 동행하는 삶을 살았으며 하나님께서는 그를 데려가셨다. 이는 이 땅에서의 삶이 전부가 아님을 말하고 있는 것이다. 그가 옮겨지기 전 "하나님을 기쁘시게 하는 자"라는 증거의 삶을 살 수 있었던 것은 종말신앙을 가졌기 때문이다(창 5:21-24, 히 11:5). 므두셀라는 창을 던지는 자(마을 어귀를 지키는 자)라는 이름의 뜻을 가지고 있다. 즉 그가 죽는 날 심판이 임할 것이라는 계시를 받은 날부터 에녹은 경건한 삶을 살았던 것이다. 므두셀라가 969세로 죽을 때에 노아 홍수가 임했다(창 5:25, 28, 7:11).

그러므로 예수 그리스도께서 아시아 7교회를 향하여 이기는 자가 되라고 하셨다. 왜냐하면 하나님께서 세상 나라를 그리스도의 나라가 되게 할 것이기 때문이다. 그러므로 모든 성도는 최후의 승리를 바라보며 마라나타의 신앙을 가지고 살아야 한다. 이와 같이 성도들은 천국을 바라보며, 예수 그리스도의 재림을 기대하며, 부활에 대한 소망을 가지고 이 땅을 사는 자들이다. 그럴 때 에녹처럼 이 땅에서 하나님과 동행하는 삶을 살다 하나님 나라에 들어가게 될 것이다.

요한계시록 이렇게 보면 된다

1판 인쇄일 2023년 9월 20일
1쇄 발행일 2023년 10월 2일

지은이 _ 정하윤
펴낸이 _ 한치호
펴낸곳 _ 종려가지
등록 _ 제311-2014-000013호(2014. 3. 20)
주소 _ 서울특별시 은평구 은평로 14길, 9-5
 전화 02. 359. 9657
디자인 _ 표지 이순옥/ 내지 구본일
제작대행 세줄기획
 전화 02. 2265. 3749

ISBN 979-11-90968-68-3

값 8,000 원